臺灣歷史與文化研究輯刊

六 編

第19冊

清代北投社社史研究
——以社址、社域變遷爲中心

張家榮 著

花木蘭文化出版社

國家圖書館出版品預行編目資料

清代北投社社史研究——以社址、社域變遷為中心／張家榮著 -- 初版 -- 新北市：花木蘭文化出版社，2014〔民 103〕
目 4+144 面；19×26 公分
（臺灣歷史與文化研究輯刊 六編；第 19 冊）
ISBN 978-986-322-962-9（精裝）
1.清領時期 2.臺北市北投區
733.08　　103015094

臺灣歷史與文化研究輯刊
六　編　第十九冊　　ISBN：978-986-322-962-9

清代北投社社史研究
——以社址、社域變遷爲中心

作　　者　張家榮
總 編 輯　杜潔祥
副總編輯　楊嘉樂
編　　輯　許郁翎
出　　版　花木蘭文化出版社
社　　長　高小娟
聯絡地址　235 新北市中和區中安街七二號十三樓
　　　　　電話：02-2923-1455／傳眞：02-2923-1452
網　　址　http://www.huamulan.tw 信箱 hml 810518@gmail.com
印　　刷　普羅文化出版廣告事業
初　　版　2014 年 9 月
定　　價　六編 21 冊（精裝）新台幣 42,000 元

清代北投社社史研究
——以社址、社域變遷爲中心

張家榮　著

作者簡介

張家榮，東海大學歷史研究所，曾任文建會社區營造員、中學教師、公立圖書館研究助理，私立圖書館專員，目前就任文創公司經理。專長臺灣史及圖書修護領域，曾編輯出版《清國時代官署印影集》、《享和三年癸亥漂流臺灣チョプラン島之記》等書。

提　　要

本文探討北投社社址與社域變遷。研究依據主要來自古文書，再輔以相關文獻及田野調查記錄。

本文首先說明研究動機與目的、研究方向。第二階段主要探討：第一，北投社所處自然生態環境及其影響。第二，根據考古學家對史前遺址的研究初步建構北投社於史前時期可能的生活方式。第三，找出各時期相關北投社文獻記載，初步建構北投社歷史圖像，這歷史圖像包括生活層面、歷史事件等。第四，探討北投社歷史圖像復原可能性。

第三階段探討社址及社域變遷：第一，進入清代後社址的變遷情形。第二，社域的重建，配合相關鄰近各社社域的重建，可以更清楚瞭解北投社社域分佈概況以及與鄰近各社關連性。第三，社域的變遷情形，隨著漢人的進入，北投社域面臨不斷的改變。然而在變遷的過程中，北投社域亦因官方系統的介入而曾擴大。此外，在社域變遷的同時，它還面臨著實質社域上的西退與東移。

第四階段主要討論：第一，北投社在原社域面臨存危機時，所採取的第一次境外遷移移墾噶瑪蘭，情形為何？過程？影響？第二，道光三年有三次境外遷移行動，「公議同立合約字」所指涉的茅埔究係何處？第三，埔里開墾行動中北投社如何取得領導權？領導權的取得對北投社有何影響？

目次

附 表

第一章　緒　論

第一節　研究動機

平埔研究雖然蔚爲風氣，但是在各地的研究上卻是質量不均。以中部爲例，平埔研究明顯著重在岸裡社群〔註1〕的研究上。即使到埔里之後對平埔族群展開調查工作，也大都以岸裡社群爲主〔註2〕。這樣的研究趨勢主要在於岸裡社群有豐富的古文書留存〔註3〕，而且岸裡社群有相當數量的後裔仍生存在原居地以及埔里地區。更重要的是這些人，還多少保有其傳統語彙、文化以及身爲「Pazeh」的自覺意識。

相較於岸裡社群研究的蓬勃發展，中部其他社群研究則顯得單薄許多。這不單是史料的問題，也因爲在原居地已難找到其後裔的緣故。就中部而言，目前仍可確定還有後裔生活在原居地的只有岸裡大社以及沙轆社〔註4〕。其餘社群目前則尚未有所發現。

〔註1〕在廣義的族群分類上，岸裡社群屬於巴則海族（或稱做巴宰族）。但由於族群分類的不確定性，再加上岸裡大社常爲巴則海族的等同名詞，故這裡將岸裡社群與巴則海族畫上等號。

〔註2〕例如衛惠林，《埔里巴宰七社志》，台北：中研院民族所，1981年。陳俊傑，《埔里開發的故事——平埔族現況調查報導》，南投：財團法人南投縣立文化基金會，1999年。

〔註3〕例如台大所藏的岸裡大社古文書，台史所中已有豐富的岸裡社古文書資料。另外於地方政府出版的岸裡社古文書亦有不少。更有不少的古文書散佈於民間文史工作者之手。估計數量已超過萬件以上。

〔註4〕請參閱洪麗完，〈沙轆社（Salach）史之考察——以「祭祀公業遷善南北社」

本文所要研究的北投社，在中部平埔研究上較少爲人注意。然而其原始分佈的草屯地區，卻在漢人開發史上佔有重要地位。在東西交通上面，它是「鹿港擔埔社」的重要中繼站。

歷史上的北投社，因爲漢人對於草屯地區的開發卓著而顯得微不足道。雖然北投社的歷史紀錄可以推溯到荷治時期，卻只是被略微提及的一個小社。清領時期，北投社一詞很早出現在府、縣志中，成爲納餉、屯制、甚或地理位置里程的代名詞。但除此之外，似乎沒多少記載。唯一較大相關歷史事件者爲乾隆十六年的「番殺兵民事件」。這個事件的發生，讓官方以及歷史學家瞭解北投社的存在及影響。

關於北投社的生活方面記載。始於黃叔璥《臺海使槎錄》中的〈番俗六考〉。〈番俗六考〉對現今平埔研究各方面佔有極其重要的地位。它有系統的整理各地番俗並加以分類記錄。其社群地域的分類甚至與現在通行的族群地域分類極爲類似。而北投社在〈番俗六考〉中，被歸類爲北路諸羅番六，與南投、猫羅、半線、柴仔坑、水裏等社被視爲相同文化區域。

筆者以爲北投社值得研究，其概念主要來自於道光年間中部各社群的埔里大遷移。從文獻中，我們隱約知道北投社在這次遷移過程中佔有重要的地位，但是詳細情形在清代文獻中卻沒有多少的記載。一直到古文書的出現，才得以知道北投社在此次遷移中「大約」〔註5〕所佔的地位。但據此可知，北投社在中部平埔族群的互動關係上，顯然有某些重要的關連存在。

因爲番殺兵民事件、因爲歷史上的大遷移，所以筆者對北投社的種種產生興趣。讓筆者想要透過零散的資料以及有限的文獻紀錄來試圖一窺北投社的眞面目。這樣的動機，促成了本文的誕生。

第二節　研究回顧

關於北投社研究，目前並無專文論述。相關研究則有洪敏麟編纂的《草屯鎭誌》〔註6〕。此書提供研究北投社的大部分基本架構，包括北投社社域、生活、遷徙、地權轉移、歷史事件等等。本書當中，北投社相關內容分散在

爲中心〉，收錄於潘英海、詹素娟編，《平埔研究論文集》，台北：中研院台史所，1995年，頁219～300。

〔註5〕這裡指「大約」是因爲相關古文書的出現及研究，焦點並不是在北投社上面。

〔註6〕洪敏麟，《草屯鎭誌》，南投：草屯鎭誌編輯委員會，1986年。

各章節中，並無專章處理。這是由於方志編纂，重點在廣而不在精。再加上方志，大抵以漢人開發爲主線。然而對於北投社之記錄研究，該書已提供大部分的研究架構及資料依據。

陳哲三著〈草屯地區清代的拓墾與漢番互動〉〔註 7〕。此篇文章主要利用古文書契來研究清代草屯地區的拓墾發展以及漢番互動情況。作者首先從清代文獻資料中，找尋有關北投社紀錄。其次提到草屯地區的快速發展與隘寮及番屯的設置有關。接著從文獻、古文書來看草屯地區聚落庄街形成過程。最後從古文書來看漢番互動及其拓墾的關係，作者從番漢契約中進行整理與分析的工作，得出以下幾個重要論點：1. 番漢契約之訂定消長與平埔族遷徙埔里時間相契合；2. 作者就契約中地點來看，有南投、內轆庄、苦苓腳庄今屬南投市地區，認爲北投社勢力曾經擴及南投市一帶；3. 有些地區並無番漢契約，卻早有漢人買賣契約。由於番大租存在，顯示此地較其他地區漢人進入更早；4. 作者認爲草屯地區漢番糾紛雖有，但總能得到公正的判決。這也顯示此地的漢番關係較爲平和。

基本上，此篇論文重心放在漢人開墾以及漢番關係上，對於北投社論述著墨不多。但由於作者已經討論漢人開墾地域之過程，以及藉由土地契約買賣來分析漢番關係以及糾紛，這間接幫助瞭解北投社在草屯地區地域變遷的過程以及漢番互動下所面臨的一些狀況。

曾敏怡著《草屯地區清代漢人社會的建立與發展》〔註 8〕，此篇論文以漢人社會爲研究主體。在北投社的相關討論中，主要討論「從族群互動的角度，漢人社會取代北投番社的過程〔註 9〕」。這樣的主題設定，作者以兩種方式來呈現北投社的相關討論。其一是敘述性的，以清代史料以及考古資料爲主，對北投社的生活圖像作一概括性敘述；其二，作者以清政府的番界政策之推行，來說明對北投社所造成的影響。

王育傑著《清代平埔族與漢人土地轉移關係之研究》〔註 10〕一文中，主

〔註 7〕陳哲三，〈草屯地區的拓墾與漢番互動〉，收錄於《臺灣歷史與文化論文集（二）》，台北：稻鄉，2000 年 2 月，頁 11～60。

〔註 8〕曾敏怡，《草屯地區清代漢人社會的建立與發展》，台中：東海大學歷史所碩論，1998 年。

〔註 9〕曾敏怡，《草屯地區清代漢人社會的建立與發展》，1998 年，頁 3。

〔註 10〕王育傑，《清代平埔族與漢人土地轉移關係之研究》，台北：文化大學民族與華僑所碩論，1987 年。

要藉土地轉移問題，以平埔族立場來探討漢番之關係。作者以南北投社土地轉移過程爲例，來顯示清代漢人取得耕地方式。作者將南北投社土地轉移，分爲不正當方法的轉移以及正當方法的轉移兩種分別討論。另外作者也從漢番土地轉移結果，分析平埔族之應對方式。其應對方式有：1. 武力反抗，2. 告官平反，3. 漢化，4. 遷居等四種。在文章中値得注意的是王育傑將南、北投社視爲一研究單位，顯示南北投社關連性密切。這在本文研究中亦將提及。

劉枝萬著《南投縣沿革志開發篇稿》〔註 11〕。文中探討南投縣地區開拓史，在埔里地區開拓上，雖未以北投社爲研究主軸，然而在參考資料以及文章敘述上，可以時時發現北投社的蹤影。尤其文中所提相關埔里古文書，可以看出北投社在埔里開發上所佔的重要地位。本文是瞭解北投社在埔里開發過程中所佔地位的重要參考依據。

湯熙勇著〈清乾隆十六年台灣彰化之番殺兵民事件〉〔註 12〕。本文主要探討番殺兵民事件對後來理番政策上的影響 。雖然重心不在北投社上，然而對於瞭解北投社在面臨歷史事件的反應以及清代官方的處理態度上有極大的幫助。從文中可以發現此事件之發生，不管是對北投社本身或是對官方而言，都有一定的影響存在。

伊能嘉矩著，程士毅譯，〈臺灣の平埔蕃中に行はれる祭祖の儀式〉〔註 13〕、伊能嘉矩著，森口恒一編，張曦譯，《伊能嘉矩　蕃語調查手冊》〔註 14〕。上文主要記錄埔里地區南北投社之祭祖儀式；下文則記錄南北投社之現存語彙。伊能嘉矩曾在西元一八九七年八月七日到二十二日進行埔里地區的熟番調查，其中八月十六日到八月二十一日都有關於北投社紀錄。在這次的調查中，關於北投社紀錄大致載有遷移埔里之口傳、南北投社祭祖儀式以及南北投社語彙。這些紀錄稍後以不同文章發表。伊能嘉矩的調查提供

〔註 11〕劉枝萬，《南投縣沿革志開發篇稿》，南投：文獻會，1958 年。

〔註 12〕湯熙勇，〈清乾隆十六年台灣彰化之番殺兵民事件〉，收錄於《台灣史研究學術研討會論文集》，台北：台灣史蹟研究中心，1989 年，頁 35～71。

〔註 13〕伊能嘉矩著，程士毅譯，〈臺灣の平埔蕃中に行はるい祭祖の儀式〉，《水沙連雜誌》14 期，南投：水沙連雜誌社，1996 年 10 月，頁 13～17。此篇論文題目或許有誤，根據《台灣平埔族研究書目彙編》所載，其題目爲〈臺灣の平埔蕃中に行はるる祭祖の儀式〉。而洪敏麟老師則指出題目應爲〈臺灣の平埔蕃中に行はれる祭祖の儀式〉才是正確的文法形式。這裡以洪敏麟老師所提爲準而將題目稍做修改。

〔註 14〕伊能嘉矩著，森口恒一編，張曦譯，《伊能嘉矩 蕃語調查手冊》，台北：南天，1998 年。

北投社最眞實紀錄，對於建構北投社歷史圖像有極大的幫助。

除上述相關之論文外，尚有衛惠林著《埔里巴宰七社志》〔註 15〕、陳俊傑著《埔里開發的故事——平埔族現況調查報導》〔註 16〕等許多書籍或論文，或多或少都有提及北投社相關事情，値得一提。

除了北投社相關研究回顧外，中部平埔社群研究亦値得一提。瞭解中部平埔社群研究方向，更能對未來研究北投社提供一個清楚的架構。大抵而言，中部平埔研究可分成幾個面向：第一，基礎性的探討如社史的建構，包含社址、社域、生活、祭儀等各方面，主要利用古文書與文獻資料來從事復原與探討的研究。這一類有石文誠的〈清代拍瀑拉（Papora）社群社址與社域範圍之探討〉〔註 17〕、陳一仁的〈鹿港地區平埔族馬芝遴社社域及人口變遷〉〔註 18〕、謝英從的〈大武郡社的社址、社域及地權的喪失〉〔註 19〕、宋文薰等的〈貓霧捒社番曲〉〔註 20〕等等。第二，解釋番漢互動下所導致的一些現象，如地權的喪失、番漢糾紛等。這一類有陳秋坤的〈清代中葉臺灣農村經濟危機與業佃糾紛——以岸裡社潘姓業主的田業經營爲中心，1760～1850〉〔註 21〕、陳中禹的《從清乾隆朝岸裡社訟案看番漢糾紛的型態（1758～1792）》〔註 22〕、洪麗完的〈清代台中移墾社會中「番社」之處境〉〔註 23〕等等。第三，從現存社群做爲研究對象，探討其族群意識演變及社會適應等。

〔註 15〕衛惠林，《埔里巴宰七社志》，台北：中研院民族所，1981 年。

〔註 16〕陳俊傑，《埔里開發的故事——平埔族現況調查報導》，南投：財團法人南投縣立文化基金會，1999 年。

〔註 17〕石文誠，〈清代拍瀑拉（Papora）社群社址與社域範圍之探討〉，《臺灣風物》51 卷 3 期，台北：臺灣風物，2000 年 9 月，頁 113～140。

〔註 18〕陳一仁，〈鹿港地區平埔族馬芝遴社社域及人口變遷〉，《彰化文獻》1 期，彰化：縣立文化中心，2000 年 8 月，頁 149～180。

〔註 19〕謝英從，〈大武郡社的社址、社域及地權的喪失〉，《彰化文獻》1 期，彰化：縣立文化中心，2000 年 8 月，頁 101～148。

〔註 20〕宋文薰、劉枝萬，〈貓霧捒社番曲〉3 卷 1 期，台北：省文文獻會，1952 年，頁 1～20。

〔註 21〕陳秋坤，〈清代中葉臺灣農村經濟危機與業佃糾紛——以岸裡社潘姓業主的田業經營爲中心，1760～1850〉，《國家科學委員會研究彙刊：人文及社會科學》4 卷 2 期，台北：國科會，1994 年 7 月，頁 151～172。

〔註 22〕陳中禹，《從清乾隆朝岸裡社訟案看番漢糾紛的型態（1758～1792）》，台北：台大歷研所碩論，1999 年。

〔註 23〕洪麗完，〈清代台中移墾社會中「番社」之處境〉，《東海大學歷史學報》7 期，台中：東海大學，1985 年，頁 243～273。

這一類有鍾幼蘭的《族群、歷史與意義——以大社巴宰族裔的個案研究爲例》〔註 24〕、張隆志的《族群關係與鄉村台灣——一個清代台灣中部平埔族群史的重建和理解》〔註 25〕、洪秀桂的〈南投巴宰海人的宗教信仰〉〔註 26〕等等。第四，探討遷移埔里之研究。這一類有邱正略的《清代臺灣中部平埔族遷移埔里拓墾之研究》〔註 27〕、溫振華的〈清代中部平埔族遷移埔里分析〉〔註 28〕等等。

由於中部平埔研究的相關論文著作頗豐，筆者只能在各面向研究中，略舉一兩本著作以供參考。其餘相關論著，可以參考莊英章主編《台灣平埔族研究書目彙編》〔註 29〕。

從中部平埔社群的研究上來看北投社。筆者以爲一個社的研究（以平埔觀點來看），必須從基本的社址、社域先建構起，這是一個社存在的基本條件。在此條件下，我們才能再深入進行其他的相關研究與社史的建構。而北投社研究目前正處於缺乏基礎的狀態下，重建其社域有其必要性。

第三節　章節大綱與探討之問題

本研究論文大綱擬定如下：

第一章　緒　論

第一節　研究動機

第二節　研究回顧

第三節　章節大綱與探討之問題

第四節　研究方法與預期成果

〔註 24〕鍾幼蘭，《族群、歷史與意義——以大社巴宰族裔的個案研究爲例》，台北：清大社會人類學研究所碩論，1995 年。

〔註 25〕張隆志，《族群關係與鄉村台灣——一個清代台灣中部平埔族群史的重建和理解》，台北：台大歷史所碩論，1990 年。

〔註 26〕洪秀桂，〈南投巴宰海人的宗教信仰〉，《台大文史哲學報》22 期，台北：台大，1973 年，頁 445～509。

〔註 27〕邱正略，《清代臺灣中部平埔族遷移埔里拓墾之研究》，台中：東海大學歷史所碩論，1992 年。

〔註 28〕溫振華，〈清代中部平埔族遷移埔里分析〉，《臺灣文獻》51 卷 2 期，南投：臺灣文獻會，2000 年 6 月，頁 27～37。

〔註 29〕莊英章主編，《台灣平埔族研究書目彙編》，台北：中研院民族所，1988 年。

第二章　自然、人文與生活——北投社相關文獻資料與歷史圖像建構

第一節　北投社生態環境

第二節　從史前遺址看北投社

第三節　文獻記載中的北投社

第四節　結語——北投社歷史圖像復原的相關問題

第三章　北投社社址及社域變遷

第一節　社址變遷

第二節　社域建構與土地利用模式

第三節　社域變遷

第四節　結語

第四章　遷出北投社的原居地

第一節　移墾噶瑪蘭

第二節　埔里大遷移

第三節　結語

第五章 結　論

第一章，主要敘述本文之研究動機、相關論文研究回顧以及章節大綱擬定與本文採行研究方法以及預期成果等。

第二章，首先從北投社所處地域來探討當地生態環境對其可能影響，再從考古學者對史前遺址的研究成果，推論北投社可能展現的生活形態爲何？接著利用各歷史時期對北投社之記載，試圖建構北投社基本文獻資料庫。最後嘗試利用此資料庫來探討建構北投社歷史圖像的幾個問題。

第三章，爲本文探討重心所在。本章主要探討北投社社址、社域之變遷。北投社社址並非一成不變，而是隨著各種考量不斷遷移。歷史時期之外的社址遷移我們無從考察。但就歷史時期的紀錄來看，北投社在清代二百多年的時間中，曾經遷移了幾次？遷移到了哪裡？這些遷移所代表的意義爲何？此外關於社域的變遷，從前人的研究中可以瞭解北投社的社域處於不斷縮小的情況。然而其社域縮小的情況爲何？除了縮小外，社域變遷有無其他的變化？社域的變遷除了歸咎於漢人的開發外，還有無其他的原因？這些都值得提出討論。

第四章，討論北投社的境外遷移過程。北投社在原社域面臨生活的困境

化，不得不從事境外遷移，以便謀取更好生存環境的可能性。然而，境外遷移的發生是從何時開始？如何進行？北投社在這些遷移中所扮演的地位爲何？遷移過程中對北投社本身有何影響？這些都是筆者想要知道的。

第五章，爲結論。主要爲研究成果的展現，在此不擬敘述。

第四節　研究方法與預期成果

本文研究進行，首要工作在於資料收集整理。資料收集包括以下幾種：清代方志、奏摺、檔案文獻、民族誌、古文書、田野調查報告、人口統計資料、古今地圖、影像紀錄、口述調查、遊記等等。藉由資料收集整理，期望先建立北投社基本文獻資料庫。這資料庫包括大事記、圖像資料、統計表格、姓氏表、相關契約文書表、地圖等等。希望藉由這些資料，得出北投社初步概況。

在文獻掌握與運用上，主要蒐羅清代文獻、日人及近人的調查紀錄以及近代學者對荷蘭文獻之翻譯。清代台灣文獻中極具史料價值者，如府志、縣志、遊記、奏摺等。筆者於蒐羅上，主要針對幾個方向：第一，以地區來看，包含整個台灣地區的如《臺灣府志》〔註 30〕、《重修臺灣府志等》〔註 31〕、《續修臺灣府志》〔註 32〕等；區域性的，主要記錄中部地區的如《諸羅縣志》〔註 33〕、《彰化縣志》〔註 34〕等。這些方志提供北投社的一些基本訊息，尤其是官方對北投社的看法與定位爲何？第二，個人撰寫遊記或記事如《裨海紀遊》〔註 35〕、《臺海使槎錄》〔註 36〕、《蠡測彙鈔》〔註 37〕、《東槎紀略》〔註 38〕等。裡面提到不少相關歷史事件，以及政府的處理態度與方法。此外對於番俗的記載也提供極多的訊息。第三，關於奏摺部分，主要運用《雍

〔註 30〕有分蔣志及高志：蔣毓英，《台灣府志》，南投：省文獻會，1993 年。高拱乾，《臺灣府志》，台銀版台灣文獻叢刊第 65 種，1960 年。

〔註 31〕有分范志與周志：范咸，《重修臺灣府志》，台銀版台灣文獻叢刊第 105 種，1961 年。周元文，《重修臺灣府志》，台銀版台灣文獻叢刊第 105 種，1961 年。

〔註 32〕余文儀，《續修臺灣府志》，台銀版台灣文獻叢刊第 121 種，1962 年。

〔註 33〕周鍾瑄，《諸羅縣志》，台銀版台灣文獻叢刊第 141 種，1962 年。

〔註 34〕周璽纂修，《彰化縣志》，台銀版台灣文獻叢刊第 156 種，1962 年。

〔註 35〕郁永河，《裨海紀遊》，南投：省文獻會，1996 年。

〔註 36〕黃叔璥，《臺海使槎錄》，台銀版台灣文獻叢刊第 4 種，1957 年。

〔註 37〕鄧傳安，《蠡測彙鈔》，台銀版台灣文獻叢刊第 9 種，1957 年。

〔註 38〕姚瑩，《東槎紀略》，台銀版台灣文獻叢刊第 7 種，1957 年。

正硃批奏摺選輯》〔註 39〕、《清宮月摺檔臺灣史料》〔註 40〕、《清代宮中檔揍摺臺灣原住民史料》〔註 41〕等。上述奏摺資料，雖非原始檔案，然而學者已將相關台灣部分奏摺檢選出來，非常便於筆者閱讀以及查閱相關事件。除此之外，還有日人於調查時整理之彙編以及近代學者整理之彙編，例如《臺案彙錄甲集》〔註 42〕、《臺灣私法物權編》〔註 43〕、《清實錄臺灣史資料專輯》〔註 44〕、《臺灣番政志》〔註 45〕等。這些書籍蒐集清代各種相關事件、法令、公告、政令等，對於研究某一政策之背景及過程有極大的幫助。

調查記錄上，清末有伊能嘉矩、鳥居龍藏、森丑之助等對原住民的田野調查記錄。尤其伊能嘉矩的田野調查，遍及台灣各地。不只包含高山族亦包含平埔族群。尤其對於埔里盆地的調查記錄，包含了南北投社等相關記錄。目前筆者可找到的即包括南北投社之語彙、祭儀等珍貴資料。對於北投社及相關社群的歷史圖像復原幫助極大。此外，近人的調查記錄如《埔里巴宰七社志》〔註 46〕、《埔里開發的故事——平埔族現況調查報導》〔註 47〕等。雖然重心不在南北投社身上，但在調查當中因地緣關係，多少有相關記載。這對瞭解近數十年來的南北投社變化提供了一些訊息。

最後有關荷蘭文獻部分。由於荷蘭時期文獻保存極爲完整，近來有學者專門從事翻譯的工作，將荷蘭文獻中有關台灣地區部分記載翻譯成中文以供他人研究之便。目前可供研究參考之中譯本有《巴達維亞城日記》〔註 48〕、《熱蘭遮城日誌》〔註 49〕等。其中有關中部地區平埔社群之紀錄，以《熱蘭遮城日誌》第二集爲主。內容提到大肚番王事跡以及各社群來往關係，對於瞭解荷治時期，

〔註 39〕《雍正硃批奏摺選輯》，南投：省文獻會，1996 年。

〔註 40〕沈景鴻、莊吉發等編，《清宮月摺檔臺灣史料》（一～八），台北：故宮，1994～1995 年。

〔註 41〕梁志輝、鍾幼蘭主編，《臺灣原住民史料彙編第七輯——國立故宮博物院清代宮中檔揍摺臺灣原住民史料》，南投：省文獻會，1998 年。

〔註 42〕《臺案彙錄甲集》，台銀版台灣文獻叢刊第 31 種，1959 年。

〔註 43〕《臺灣私法物權編》，台銀版台灣文獻叢刊第 150 種，1962 年。

〔註 44〕張本政，《清實錄臺灣史資料專輯》，福建：福建人民出版社，1993 年。

〔註 45〕溫吉編譯，《臺灣番政志》（一）、（二），台北：省文獻會，1957 年。

〔註 46〕衛惠林，《埔里巴宰七社志》，台北：中研院民族所，1981 年。

〔註 47〕陳俊傑，《埔里開發的故事——平埔族現況調查報導》，南投：財團法人南投縣立文化基金會，1999 年。

〔註 48〕有三冊。程大學譯，《巴達維亞城日記》第一冊，台北：省文獻會，1970 年。

〔註 49〕目前已出到第二集。江樹生譯著，《熱蘭遮城日誌》（二），台南：台南市政府，2002 年。

平埔社群來往關係有極大的幫助。

除文獻以外，資料整理以古文書最爲重要。由於其他文獻資料缺乏佐證，古文書則能提供直接證據。古文書對研究平埔社群而言，基本上能提供以下幾種訊息：第一是能確定某一社群的分佈範圍，即所稱社域；第二，隨著古文書在時間的堆疊上，有時可以發現社群改名分裂的原因與事實；第三，透過古文書的買賣記錄，可以釐清社群的經濟狀況及其改變；第四，透過古文書中提供相關名稱，能初步建構其社會組織、土地所有權制度，或是瞭解漢番地權的移轉過程等等〔註 50〕。古文書使用會隨著研究者關注焦點的不同而有不同的應用範圍。但大體而言，古文書研究可以「反映當時歷史變遷、社群關係、移民組織、家族興替、地權觀念及社會現象」〔註 51〕甚至對於北投社姓氏變化、政治結構、親屬關係等亦有幫助。

有關北投社相關古文書。在出版品部分，可以從《清代台灣大租調查書》〔註 52〕、《台灣私法物權編》〔註 53〕、《臺灣公私藏古文書影本》〔註 54〕、《草屯鎮誌》〔註 55〕、《草屯鎮鄉土社會史資料》〔註 56〕、《草屯地區古文書專輯》〔註 57〕、《平埔百社古文書》〔註 58〕、《埔社古文書選輯》〔註 59〕中找到相關資料。上述出版品中，林美容的《草屯鎮鄉土社會史資料》，大抵已經將之前的出版品中有關北投社之古文書收錄其中，另外還收錄 35 件經田調取得之古文書。而《草屯地區古文書專輯》中有關於北投社紀錄（包含番大租）的至少有 110 件，其收錄來源來自於館方將民間購買古文書整理出版。在未出版方面，民間或學術研究機構方面亦藏有不少相關古文書，如文史工作者郭雙富先生即蒐有大量各類之古文書，其中亦包含北投社相關古文書資料。學術單位如中研院台史所，亦設置古文書室蒐藏各類古文書，如鍾金水文書、邱正

〔註 50〕請參閱林珊如、李郁雅，〈從使用者觀點探討古文書及檔案之使用：以平埔研究人員爲例〉，《大學圖書館》3 卷 3 期，台北：台大圖書館，1999 年 7 月，頁 65～80。

〔註 51〕謝嘉梁，《草屯地區古文書專輯》，南投：省文獻會，1999 年，頁 337。

〔註 52〕《清代臺灣大租調查書》，台銀版台灣文獻叢刊第 152 種，1963 年。

〔註 53〕《臺灣私法物權編》，台銀版台灣文獻叢刊第 150 種，1962 年。

〔註 54〕王世慶編，《台灣公私藏古文書彙編影本》，中央圖書館台灣分館藏影本。

〔註 55〕洪敏麟，《草屯鎮誌》，1986 年。

〔註 56〕林美容，《草屯鎮鄉土社會史資料》，台北：台灣風物雜誌社，1990 年。

〔註 57〕謝嘉梁，《草屯地區古文書專輯》，1999 年。

〔註 58〕劉澤民編《平埔百社古文書》，南投：臺灣文獻館，2002 年。

〔註 59〕簡史朗等編，《水沙連埔社古文書選輯》，台北：國史館，2002 年 12 月。

略文書等等亦是。筆者所收集古文書資料，除已出版書籍外，亦試圖從學術研究單位以及民間文史工作者著手，來取得更多的相關文書及資料。

本文研究方法有三，首先藉由文獻資料的堆疊與整理，提供北投社社史研究的初步架構，這是從事歷史研究的初步工程。此外，根據台灣南島語族的共同文化特質〔註 60〕，輔以有限的史料記載，筆者試圖利用比較〔註 61〕的概念，從其他相關社群之研究來合理建構北投社生活圖像。最後，筆者希望透過其他已有之研究成果，來試圖詮釋北投社在歷史事件或部落遷移上的原因與意義。此外，社群研究不應只是侷限文獻資料方面。田野調查可以提供更多的資料以及思考面向來做更詳細探討。田野調查工作主要分為兩方面進行：一是文獻資料的再收集，此資料包括戶政資料、散落民間的古文書、圖像資料等等；二是實地考察，藉由親身走入北投社域來瞭解其所處社域之地理環境、範圍。藉由感受時空上的變化，以更瞭解北投社在其間的生活及其轉變原因與過程。並試圖找尋北投社後裔，以做更深入調查與研究。如進行順利，甚且希望能更進一步建立其譜系、遷移、職業等等相關資料。

本文研究時間斷限，主要從 1624 年開始到 1823 年結束。做此斷限理由，在於本文探討著重於北投社原始社域變遷與境外遷移的過程。而社域變遷必須追溯至文獻最早紀錄，故筆者以為從荷蘭時期開始較佳。北投社因為社域不斷縮小，所以在道光三年（1823）進行境外遷移而到了埔里盆地。由於遷

〔註 60〕潘英在《臺灣平埔族史》引用董芳苑及衛惠林所述，臺灣南島語族在文化特質的表現上，大概有以下三十九種共同特徵：1.火耕與耕地輪休，2.鍬耕，3.弓箭，4.腰刀，5.鹿獵與野豬獵，6.獸骨懸掛，7.手網與魚簍捕魚，8.木杵臼，9.腰掛紡織，10.矮牆茅屋，11.石板屋之建造，12.刳木，13.編蓆，14.籐竹編簍，15.口琴，16.鼻笛，17.弓琴，18.輪舞，19.貝飾，20 室內蹲葬與室外葬，21 幾何形與蛇形花紋，22.雙杯與並口飲，23.母系與父系，24.親族外婚，25.年齡群組織，26.男子會所，27.老人政治，28.獵頭與骷髏崇拜，29.祖先崇拜，30.精靈崇拜，31.多靈魂觀，32.禁忌，33.圖騰信仰，34.鳥占與夢卜，35.巫師與巫醫，36.祭祀儀式，37.紋身與拔毛，38.缺齒與涅齒，39.親子聯名。請參閱潘英，《臺灣平埔族史》，台北：南天，1998 年，頁 32。

〔註 61〕有些學者以為比較歷史學的意義不大，原因在於比較的雙方可能立足點即不一樣（可能為東西方比較或是時間差距過大或是時空背景不一樣），故比較上不能顯示任何意義。但在平埔研究上，筆者以為臺灣的平埔族群由於：1.幾乎皆屬南島語族，故在文化上有其相近的地方。2.臺灣的面積狹小，族群分化多。然而在文化的差異上，鄰近的各社無時無刻不產生交流，所以相鄰近各社之文化現象多有類似的情形。基於以上兩點，筆者以為在平埔研究上可以採取比較的觀點來進行研究。

移到埔里之後，北投社進入新的發展階段，故此年可算是原始社域變遷的終結。但除了社域變遷探討外，爲了顧及本文的完整性。所以在文獻資料的運用以及內容的敘述上，仍然引用道光三年以後，甚至日治時期之文獻資料以爲比對或論述根據。

預期成果方面，本文希望達成兩項主要目標：第一，藉由相關文獻資料的收集與整理，期許本文能成爲未來北投社相關研究的基石。同時藉由初步的整理分析，試圖建構北投社歷史圖像。第二，筆者以爲社史的研究必須從基本做起，社址社域的建立是其中的一項工作。本文希望重建北投社社域並討論其變遷過程與原因。藉此可以釐清與鄰近各社關係及漢人入墾社域後變化情形。最後，在一個大範圍的期許下，希望藉由上述研究過程與方法，重新建構北投社址、社域變遷過程以及相關北投社番生活等各方面，以期初步瞭解北投社歷史文化變遷過程。

附圖一　清初臺灣中部南島民族舊社分佈圖

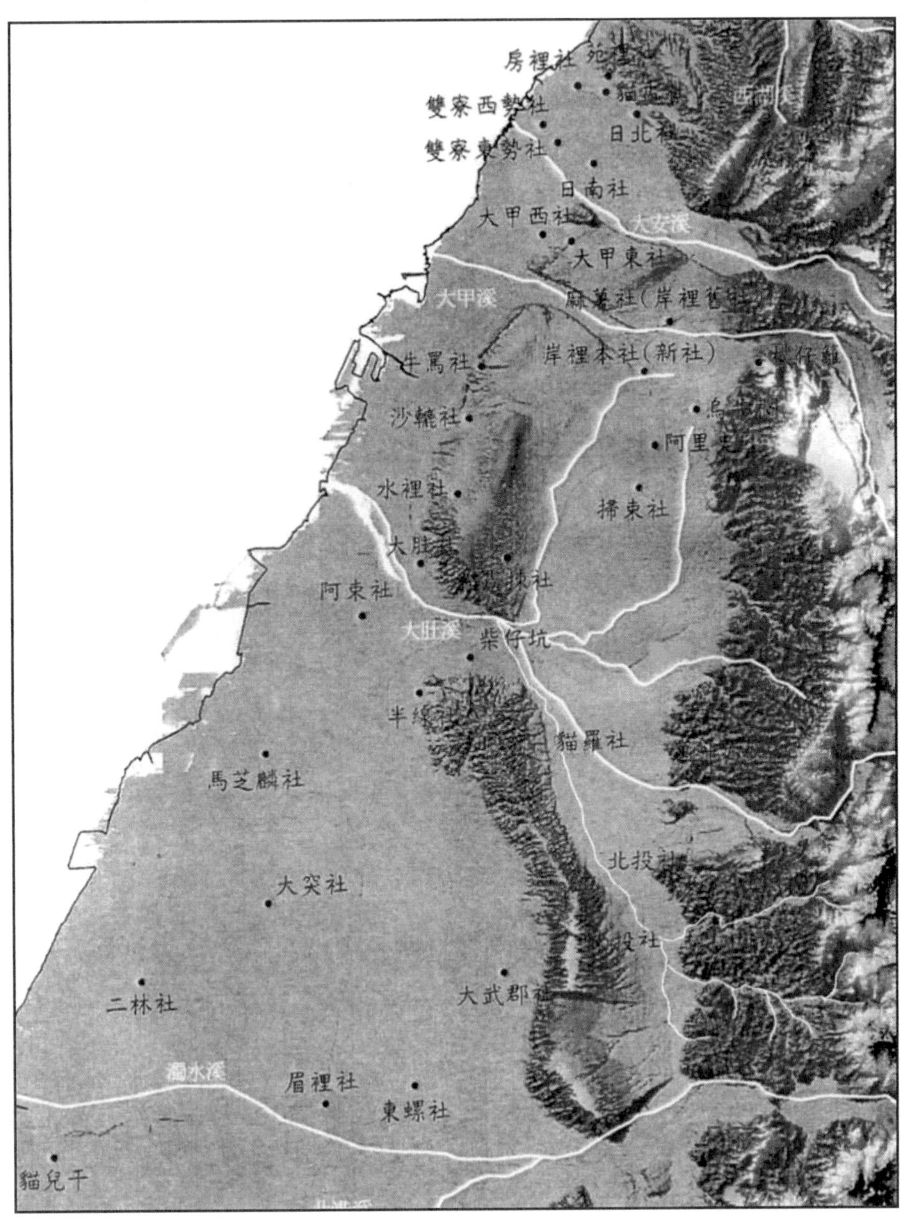

【圖片來源】洪麗完，《從部落認同到「平埔」我群意識——台灣中部平埔族群歷史變遷之考察（1700～1900）》，台北：台大博論，2003，頁62。

第二章　自然、人文與生活——北投社相關文獻資料與歷史圖像建構

本章主要探討幾個主題：第一，北投社所處自然生態環境及其影響。第二，根據考古學家對史前遺址的研究來初步建構北投社於史前時期可能的生活方式。第三，找出各時期相關北投社文獻記載，初步建構北投社歷史圖像，這歷史圖像包括生活層面、歷史事件等。第四，探討北投社歷史圖像復原可能性。本文主要利用相關文獻及近人研究成果來探討上述各問題。

第一節　生態環境

環境與社群生活息息相關，一個社群的生活方式，必然與所處的環境產生關連，甚且據此環境所產生的特殊適應及文化行爲，是成爲這個族群文化特色的一部份。有鑑於此，我們必須探討北投社群在其所處環境中所扮演的角色。

依據現有的研究成果，北投社主要分佈在今天南投縣草屯鎮及南投市一部份〔註1〕。而在稍早之前，由何處遷來，則因資料上的不足而不可考；但從考古遺址來看，早期可能沿著八卦台地東麓分佈〔註2〕。由於北投社社域大致以今天的草屯鎮爲主要分佈地。所以本文主要探討草屯鎮一帶之生態環境，

〔註1〕陳哲三，〈古文書對草屯地區歷史研究之貢獻〉5期，台中：逢甲大學人文社會學院，2002年11月，頁107～126。

〔註2〕這裡以內轆文化類型爲主要依據。關於內轆文化遺址與Arikun社群之關係，請參考後文。

我們大致從氣候、地理環境、原始生態三方面著手進行討論。

氣候方面，草屯鎮全域大抵屬於副熱帶季風氣候。雨量主要分佈在夏秋兩季，而冬春少雨，乾濕季節特性分明。其年雨量大約為 1900～2000 公釐左右。雨量分佈概況，基本上季節性差異較地形差異來的大。但大致而言因東西地形之差異而有些微差別。就整個氣候狀況而言，基本上跟台中、彰化一帶無太大差別，年平均氣溫大約為攝氏 22.7 度，極適於人居。

附圖二　草屯鎮氣候類型分佈圖

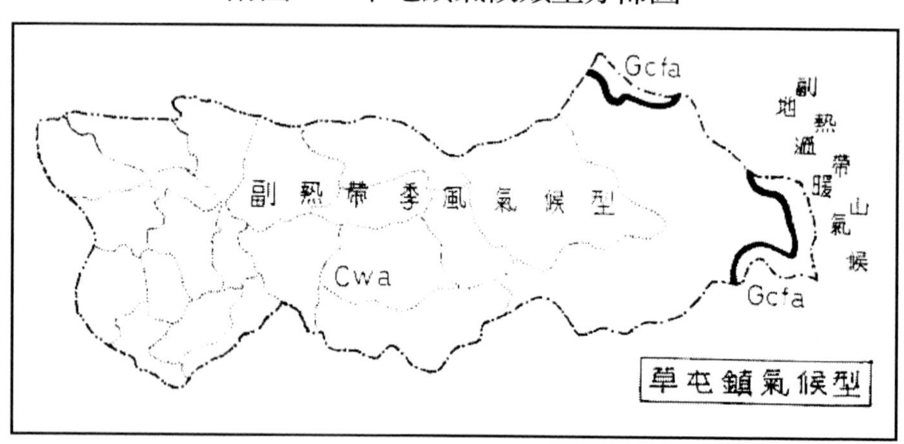

【資料來源】洪敏麟，《草屯鎮誌》，1986，頁 88。

在地形方面，本區地形東高西低，最高點海拔約 1000 公尺；最低點海拔約 55 公尺。其中本區地形類別粗略面積如下：

表一　草屯地區各地形所佔比率

地　形	平方公里	比　率
山　地	46	44.2%
台　地	6	5.8%
平　原	52	50%

【資料來源】洪敏麟，《草屯鎮誌》，頁 33～34。

整個行政區劃由東向西可分成幾個地形區：火炎山山地區、雙冬山地區、烏溪溪谷區、坪頂台地區、土城平原區、茄荖山環流丘區、大虎山山地區、烏溪沖積扇區（屬於南部台中盆地）。大致情形可參考下圖：

附圖三　草屯鎮地形區圖

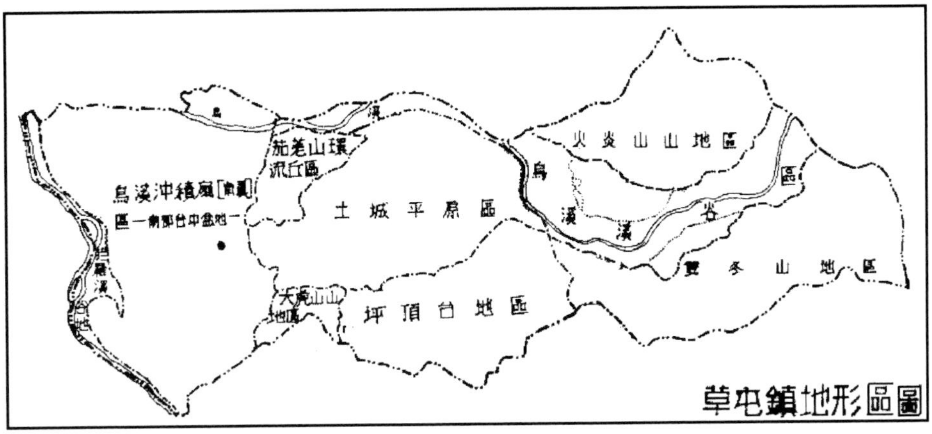

【圖片引用】洪敏麟，《草屯鎮誌》，1986，頁 35。

附圖四　草屯鎮東西剖面圖（中部地區）

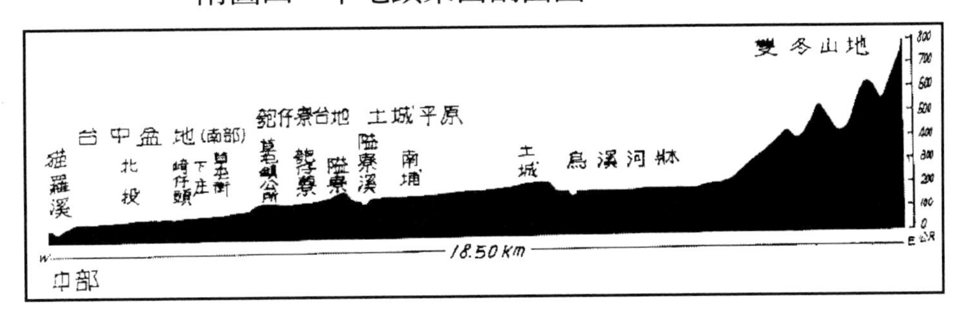

【圖片引用】洪敏麟，《草屯鎮誌》，1986，頁 35。

依據目前學者的研究成果，北投社社址所在大抵位於烏溪沖積扇，亦即位於平原區上。一般而言，聚落的地點跟水源的取得有密切關系。從草屯地區史前遺址的分佈地來看，可發現遺址分佈主要沿著溪流兩側的河階或山坡上。而北投社所在位置附近同時有烏溪、隘寮溪、猫羅溪等及其支流横貫其間，對於水源的取得並非難事。同時這些充沛的水源，有利於北投社的農耕生活發展。依據黃叔璥〈番俗六考〉中，記錄南北投、猫羅、半線、柴仔坑、水裏等社之飲食曰：「食米二種：一占米，一糯米」〔註 3〕。由此可知，至少在清康熙年間，北投社之主食即以稻米為主，唯此時稻米種類主要為陸稻而非水稻。

〔註 3〕 黃叔璥，《臺海使槎錄》，台銀版台灣文獻叢刊第 4 種，1957 年，頁 115。

就當地生態環境而言，目前可供參考資料不多。依據現有資料推測，本區受氣候、雨量、流域以及海拔高低影響。雙冬山地區、火炎山地區、坪頂台地區、大虎山地區等皆屬於森林體系〔註 4〕。除雙冬山地區海拔高達 1000 公尺外，全區幾乎以海拔六百公尺以下居多。大抵而言，本區樹種與其他地區所見差異不大，屬於熱帶林樹種。草屯地區原始生態環境，如同其他各地一般擁有豐富的植物資源。而這些植物資源往往爲當地居民應用於日常生活中。這些可應用的植物，即是所謂的民俗植物。民俗植物泛指與居民日常生活有關的野生植物。由於植物生長環境使然，民俗植物的應用可以反映出各族群的食衣住行及其文化，甚至可從不同族群對植物種類的運用差異看出其族群特色。民俗植物的運用範疇大致可分爲以下幾類：食用植物（栽培作物、野生植物）、染料植物、纖維植物、建築植物、祭祀植物、藥用植物、飼料植物、器具植物、裝飾植物以及其他植物等等〔註 5〕。有時一個族群對植物的知識與運用甚至可達數百種甚至上千種的應用範圍。雖然就文獻上北投社記載甚少提到民俗植物之運用。但根據臺灣各族群對於民俗植物應用的一般性以及原始生活對植物的依賴性。我們可以推測在北投社的生活領域內，這些生長在當地的植物必然與他們產生關連。只是就同一種植物而言，可能在植物藥理的認知以及對宗教範疇的運用上會與其他族群些微不同。從文獻記載初步來看，北投社普遍運用竹、草、樹木爲建築植物〔註 6〕，米爲食用、釀酒及祭祀植物，草木葉花等爲裝飾及祭祀植物，茅草爲建築及祭祀植物，芭蕉、竹等爲器具植物〔註 7〕。筆者相信，隨著文獻的陸續發現，北投社民俗植物運用應當有廣泛發現。除了相關文獻分析外，鄰近社群或同屬 Arikun 社群的其他部落文獻紀錄或田野調查，亦可以做爲北投社民俗植物學資料庫。這有待日後更進一步研究。

從地理環境來看，烏溪沖積扇平原上大小河流環繞（請參考附圖五），北

〔註 4〕 請參閱洪敏麟，《草屯鎮誌》，1986 年，頁 452。

〔註 5〕 亦有如此分類法：用材植物、食用植物、造酒用植物、嗜好料植物、藥用植物、牧漁用植物、染料植物、洗滌用植物、纖維植物、裝飾用植物、雜用植物等等，請參見台大種子研究室網頁：http://seed.agron.ntu.edu.tw/ethnobotany/ethnobot3.htm。關於民俗植物的相關資料可參考：楊平世等，《福爾摩沙的生命力——臺灣的實用植物》，台北：文建會，2001 年。王相華等，《民俗植物——恆春社頂部落》，台北：林試所，1995 年。

〔註 6〕 黃叔璥，《臺海使槎錄》，1957 年，頁 115。

〔註 7〕 伊能嘉矩著，程士毅譯，〈台灣の平埔蕃中に行はれる祭祖の儀式〉，《水沙連雜誌》14 期，南投：水沙連雜誌社，1996 年 10 月，頁 15。

投社位於此種環境下，漁獵應爲生活中重要的一個部分，其重要性亦表現在宗教祭儀上〔註 8〕。另外，狩獵爲北投社主要的肉食來源，其中以鹿、山豬等大型動物最爲重要。早期文獻中描寫平埔族所需的肉食來源，大部份似乎以鹿爲主體。台灣的鹿科動物大約有三種：分別是水鹿、梅花鹿、山羌。其中水鹿是台灣鹿科動物中體型最大的。其分佈海拔約 300～3500 公尺的山區地帶。主要棲息地爲森林，常活動於高山水源地或近溪流草原地。梅花鹿，分佈海拔於 200 公尺以下地區。主要棲息在灌林草莽區。山羌，爲台灣產鹿科動中體型最小的，分佈海拔從低海拔到 3000 公尺左右，主要棲息於闊葉林及水源處。以上這三種鹿科動物，在北投社所處的環境中皆有分佈。以分佈的海拔高度來看，梅花鹿應當分佈於烏溪沖積扇及土城平原區。水鹿則可能分佈於烏溪沖積扇以東地區，至於山羌則全區皆有分佈。從文獻中北投社活動範圍遍及平原及山區來看，這三種鹿皆爲其獵物毫無疑問。但關於鹿是以何種類爲主卻不能得知？但如果從北投社移居埔里後的資料來看，其狩獵對象明白指出爲山豬、水鹿（山鹿）、山羌（小鹿）〔註 9〕。蓋當時梅花鹿產量已經大量減少，並且埔里盆地海拔較高的緣故，而有如此的狩獵變化。

依據上述，我們試圖比較北投社與鄰近各社群的差異性。根據氣候、地形與生態條件，本區與其周遭台中盆地各社群生存環境近似，與彰化、台中沿海社群差異較大。由於生存環境的差異，所以在生活型態上，我們可以將這兩個區域劃分成兩個生活區。一般而言，靠海社群對漁獵較爲依賴，這可以從考古遺址中大量出土貝殼魚骨證明。而台中盆地之社群則對獸獵較爲依賴，所以遺址多出土獸骨。從遺址出土物即可顯示兩者之間生活型態有所差異。不過就聚落類型來看，這兩者則都屬於游耕聚落。所謂游耕聚落，是指居住在同一地點的年限不長，一般大約三、五十年左右。當地力枯竭時，就棄地另建新村。此外，它通常與鋤耕、刀耕火種之農耕技術及薯芋、旱稻等作物相聯繫〔註 10〕。從考古學及人類學對聚落及原始民族生活的研究，我們

〔註 8〕北投社在祭儀時，會將糯米蒸熟，然後由主祭者將之捏成一細長圓形狀，一方爲頭，一方爲尾，以比擬鰻魚的形狀。顯示捕魚在其生活中佔有相當重要的地位。請參閱伊能嘉矩著，程士毅譯，〈台灣の平埔蕃中に行はれる祭祖の儀式〉，1996 年 10 月，頁 15。

〔註 9〕伊能嘉矩著，程士毅譯，〈臺灣の平埔蕃中に行はれる祭祖の儀式〉，《水沙連雜誌》1 期，南投：水沙連雜誌社，1996 年 10 月，頁 16。

〔註 10〕請參閱沈文珺，《清乾隆以前平埔族的自我防衛行動（1624～1795）》，台南：成大歷研所碩論，1995 年，頁 7。

發現頗爲符合〈番俗六考〉中對平埔社群之記載。在這裡，文獻記載得到其他學科的研究證明。

附圖五　草屯鎮烏溪沖積扇平原水系圖

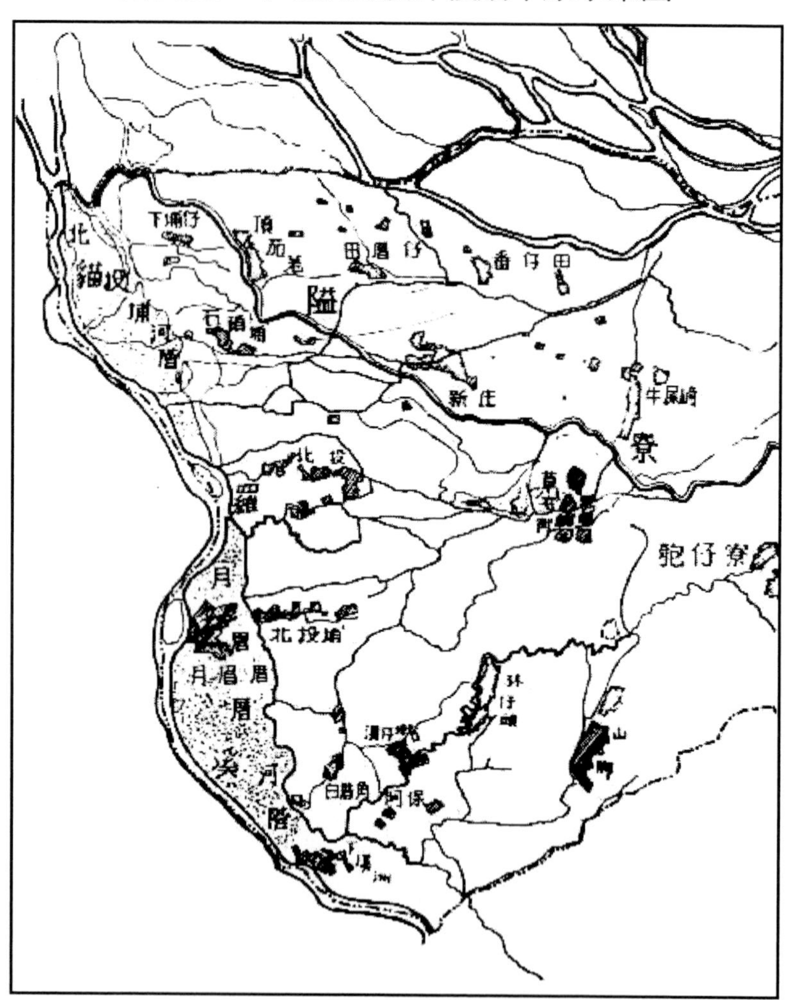

【圖片引用】《草屯鎮誌》，1986，頁 55。

自然環境影響一個番社的生活，也造就其社名的來源。現今所稱南、北投社，似乎是由漢人依據方位所給予稱呼。考之文獻，我們發現荷蘭文獻裡所稱南北投社可能爲 Tausa talakey（南投）、Tausa mato（北投）〔註 11〕。根

〔註 11〕 中村孝志著、許賢瑤譯，〈荷蘭統治下位於臺灣中西部的 Quataong 村落〉，《臺灣風物》43 卷 4 期，1993 年，頁 224～225。

據伊能嘉矩於日治時期之調查，南北投社則稱自己爲 Arikun〔註 12〕或 Savava〔註 13〕，意思爲「人」之意。而荷蘭文獻所記載社名，或許跟地名有所關連。依據伊能嘉矩對台灣土番的土地命名研究來看。番社名大約有以下幾種來源：第一，根據其地形上的特徵而命名者〔註 14〕。第二，根據其地理景觀上的特徵而命名者〔註 15〕。第三，根據特殊的物產而命名者〔註 16〕。第四，根據特殊的謀生狀況或是製作品而命名者〔註 17〕。第五，根據口碑傳說或是一種信念而命名者〔註 18〕。第六，根據某種意義的形容而命名者〔註 19〕。除以

〔註 12〕伊能嘉矩著，森口恒一編，張曦譯，《伊能嘉矩 蕃語調查手冊》，台北：南天，1998 年，頁 21。

〔註 13〕Savava 是否爲人之意不明？伊能嘉矩記載南北投社自稱爲 Savava 社，Savava 似乎爲社名。但南北投社在說明自己爲何社時，又會說明自己是南投社或北投社。故這裡難以判斷 Savava 究竟所指爲何？伊能嘉矩著，楊南郡譯，《臺灣踏查日記》（上），台北：遠流，1997 年，頁 185～186。

〔註 14〕如：泰雅族的番社名，Kara（竹頭角社）是分歧的河流之義；Havun（合胳社）是水的匯合之義；Rahao 社（蚋哮社）是森林之義。布農族的番社名，Sakusaku 是形容地勢極爲崎嶇；Hakavie 是丘陵地之義。鄒族的番社名，Rohonge 是溪谷之義。噶瑪蘭族的番社名，Kiripoan（奇立板）是海岸之義；Tuvikan（抵美簡社）是浮洲之義，道卡斯族的番社名，Vari（苗栗）是平原之義。詳文請參閱伊能嘉矩著，黃秀敏譯，〈關於台灣土蕃的土地命名〉，收錄於黃秀敏譯，《臺灣南島語言研究論文日文中譯彙編》，台東：史前博物館，1993 年，頁 72～73。

〔註 15〕如：泰雅族的番社名 Urai（烏來），噶瑪蘭的 Tupayap（抵百葉），凱達格蘭的 Pattsina（八芝蘭）等，都是溫泉之義。阿美族的番社名 Makutau（馬九答，奇密分社），噶瑪蘭的 Ttapttap（踏踏）等都是濁水之義。詳文請參閱同前註，頁 73。

〔註 16〕如：泰雅族的番社名，Varon（婆老社）是松柏類之義；Raga（洛仔社）是楓樹之義。泰雅族將埔里地區的史港坑稱做 Vareval，是芭蕉的果實之義；將蜈蚣崙稱做 Pokao-raodohu，是吃雞之義。鄒族的番社名 Tsyotsyosu（樟樹社）是樟樹之義；Raraora（流勝社）是楓樹之義。阿美族的番社名 Mata'an（馬太鞍）是樹豆之義。Lloa 的番社名 Torokok（哆囉嘓）是雞之義。巴則海的 Daha-daha 是楓樹之義。詳文請參閱同前註，頁 74。

〔註 17〕如：泰雅族的番社名，Rohon 是木臼之義。泰雅族將埔里地區守城份稱做 Sinarukos，是洗衣服之義；將牛眠山稱做 Puten-zakkaizak，是耕耘刀之義。布農族的番社名，Totokvan 是便當籃之義。噶瑪蘭的番社名，Tamayan（打馬烟）是煮鹽之義；Ttennamoarak（珍仔滿力）是瑪瑙珠子之義。凱達格蘭的番社名，Tatayu（荅荅悠）是一種頭飾之義；Vanka（艋舺）是獨木舟之義。Makatao 的番社名，Vurok（武洛）是弓箭之義。詳文請參閱同前註，頁 75。

〔註 18〕如泰雅族的番社名，Karaho 是頭目之義。鄒族的番社名，Tappan（達邦）是根據口碑表示此家名的人爲最初建置番社之人。噶瑪蘭的番社名，Marin（瑪僯）是死之義。凱達格蘭的番社名，Pattao（北投）是巫女之義。詳文請參閱同前註，頁 75～76。

上六種外，有的土番會在自己的部落名前加上一「社」或「部落」之名詞，而成爲○○社，如泰雅族的 Karan-urai（烏來社）〔註 20〕。另外亦有在部落名前加上本支或分支的名詞，即所稱的「大社」、「小社」，如布農族的 Take-vanoroan、Va'au-tonpo，其中 Take 表明此爲大社或本支，而 Va'au 則爲小社或分支〔註 21〕。

從以上敘述來看，Tausa talakey（南投）、Tausa mato（北投）之命名範疇應當不脫離以上幾種來源，但究竟如何目前則無法得知。不過由於南、北投社及鄰近各社皆有 Tausa 之名詞。筆者以爲極有可能爲血緣關係之分別，這一點亦有其他學者提出相同的看法〔註 22〕（請參見後文）。

第二節　史前遺址

近年來族群研究強調科際整合的概念。考古學界不再只是像以往埋首於考古遺址的發掘與整理，而試著將考古所得資料與歷史、族群相結合。一九九五年七月三十日，曾經在台大舉辦過一場台灣研究研討會，這份記錄記載了當時考古學家與語言學家之間，對族群與考古聯繫上的爭議〔註 23〕。從其中我們可以發現到，考古學家試圖將考古資料與現今原住民做一聯繫。但是在其他的學術領域學者來看，這樣的聯繫存在著許多問題。主要有二個問題：第一是族群的遷移擴散問題，如何證明當地的考古文化是某一族群留下的？第二是同一個文化圈裡面，有可能包含相當多不同的族群或社群。或是現今被歸類爲同一族群或社群卻分佈在不同文化類型裡。這樣的爭議可以看出不同學科之間的觀點差異所在。筆者之所以提出這樣的描述，在於劉益昌提出二個概念是筆者所接受的。劉益昌提出二個觀點：第一，族群的遷徙是必然發生的，但是道光年間所發生的平埔族群大遷移的事件，在考古遺跡上目前尚未發現。換句話說，這種遷移的發生並非常態性的，所以在作遺址與原住

〔註 19〕如泰雅族將埔里社街稱做 Sapaha-no-pangaraha，即星星的家之義；將虎仔耳庄稱做 Aran-rahoyal，即大部落之義；將打蘭街稱做 Aran-vatovn，即修理部落之義。詳文請參閱同前註，頁 76。

〔註 20〕詳文請參閱同前註，頁 76。

〔註 21〕詳文請參閱同前註，頁 76。

〔註 22〕林欣怡，《清代臺灣漢人社會的建立——以南投平林溪流域爲例》，2000 年，頁 13。

〔註 23〕請參閱高淑媛記錄，〈第九十九回台灣研究研討會記錄〉，《臺灣風物》45：3，1995 年 9 月，頁 75～98。

民關係比對時，不需要考慮到有類似族群大遷移而導致族群與文化突然改變的現象。第二，考古遺跡要與族群作聯繫，必須考慮的因素有許多。在推論上，必須假設有一個穩定的時空條件。在這樣的條件下，假使考古遺址的年代不相差過遠，則或許能與現代平埔社群原居地產生對應。換句話說，要從考古遺址去對應原住民社群聚落分佈，其遺址年代最好能與歷史時期相連接。如果這個遺址年代距今約 3、500 年，其爲當地原住民社群所遺留下來的可能性就很高。

依據以上的觀念，筆者以爲考古遺址的發現可以試圖與原住民社群產生對應。近來考古學者與平埔研究者正試著將考古學上的發現與台灣原住民做緊密的連結，其成果我們大致可從下表看出：

表二　文化類型與原住民關係對應表

文化類型	年　代	對應之原住民族群	備　註
（一）十三行文化			
1.埤島橋類型	約 1000-60B.P.	凱達格蘭族	
2.舊社類型	614-317B.P.	巴賽族與噶瑪蘭族	
3.普洛灣類型	790-506B.P.	巴賽族或猴猴族	
4.新港類型	約 1000-300B.P.	道卡斯族	
（二）五櫃坪系統	800-300B.P.	賽夏族？	
（三）番仔園文化			聯合報（2003）
1.南勢坑文化	約 400-1000B.P.	拍瀑拉族（沙轆社）	
2.番仔園文化	1547-536B.P.	拍瀑拉族	
3.山仔腳遺址	685-555B.P.	巴布薩族	
（四）內轆文化			黃士強（1987）
1.內轆類型	約 2000-1000B.P.	洪雅族（Arikun 社群）	
（五）谷關系統	約 600-300B.P.	泰雅族	
（六）東埔一鄰類型	781-546B.P.	鄒族	
（七）崁頂文化	450-427B.P.	洪雅族	
1.雷厝遺址	約 340-530B.P		
2.施厝寮遺址	約 250-550B.P		
3.林厝遺址	約 500-1300B.P		

（八）蔦松文化			
1.蔦松類型	1350-953B.P.	西拉雅族	
2.清水岩類型	約 1500-400B.P.	馬卡道族	
（九）比鼻烏類型	約 1500-300B.P.	南鄒族	
（十）北葉文化晚期	436-308B.P.	排灣族	
（十一）南仁山類型	約 700-300B.P.	排灣族	
（十二）靜浦文化			
1.富南類型	約 1000-500B.P.	阿美族	
2.靜浦類型	約 500-150B.P.	阿美族	
（十二）Lobusbussan 文化	1067-513B.P.	達悟族	

【資料來源】高淑媛記錄，〈第九十九回台灣研究研討會記錄〉，《臺灣風物》45：3，1995.09，頁 86。劉益昌，《台灣原著民史——史前篇》，南投：台灣文獻館，2002，頁 94。鄭毅，〈南勢坑遺址 挖出宋徽宗銅錢〉，聯合報，2003-11-22，B2 版。

從上表可知，目前與 Arikun 社群作連結的考古遺址只有一種：內轆文化內轆類型，其遺址分佈於台中平原南側、東側的台地緩坡，主要遺址有猫羅溪東岸，南投沖積平原上的內轆遺址，而類似遺址也發現於台中盆地東側邊緣的霧峰、太平等鄉鎮。另外，八卦台地東側也有類似遺址發現〔註 24〕。由於其主要遺址分佈跟現今 Arikun 社群分佈區域相近，所以有學者認爲可能與 Arikun 社群有關〔註 25〕。只是該文化類型最近年代（1000B.P.）與 Arikun 社群歷史年代（400B.P.）仍有一段距離，故在連結上較爲牽強。而從文化類型的相互關係上來看，劉益昌指出分佈於大肚山台地爲主的番仔園文化與分佈於八卦台地及台中盆地南側的內轆文化有密切之關係。並且推溯至歷史時代的大肚番王與 Arikun 社群應當也有密切關係〔註 26〕。

筆者以爲，內轆文化極有可能爲 Arikun 社群所遺留，原因在於內轆文化所出土的遺址範圍幾乎與 Arikun 社群大致相符合。如果就出土年代 1000B.P. 與歷史年代 400B.P.來看。這六百年的差距，看似雖大。然而考量整個 Arikun 社群在此地已分化成數社在此定居；一般而言，一個社要分化成大小社甚至形成血緣社群，需要花上數百年的時間方可達成。如此，這六百年的時間是

〔註 24〕劉益昌，《台灣原著民史——史前篇》，2002 年，頁 94。
〔註 25〕劉益昌，《台灣原著民史——史前篇》，2002 年，頁 94。
〔註 26〕劉益昌，《台灣原著民史——史前篇》，2002 年，頁 108。

可以抵銷的。所以筆者以爲內轆文化與 Arikun 社群相連結的可能性極高。此外，學者提到番仔園文化與內轆文化有密切關係，所以這兩個文化的後裔；大肚番王（或稱甘仔轄 Camachat 或科達 Quata、Quataong）與 Arikun 社群亦有關連存在，這似乎可以解釋荷蘭文獻裡所見到大肚番王統治下的區域包含 Arikun 社群的原因。

雖然筆者認爲內轆文化與 Arikun 社群有密切關連。但就北投社所存在的草屯地區而言，雖然目前已有許多遺址出土。然而卻無內轆文化類型或是與歷史年代相近的遺址出土；這表示北投社在草屯地區生活的時間不長嗎？筆者以爲原因可能在於北投社所定居的地方主要在烏溪沖積扇平原上。而目前草屯地區所發掘的遺址則都位於較高地勢上（請參考附圖六）。雖然沖積扇平原地坦土沃適於人居，但也容易遭受洪水衝壓。所以遺址可能深埋地底或是早已爲洪水毀壞。此外，漢人進入草屯地區開墾，烏溪沖積扇平原首當其衝。在開墾的過程中，可能已有許多遺址遭受破壞而消失。以上實屬推論。但結果究竟如何？有待日後新遺址的出土來證明。

附圖六　草屯鎮史前遺址分佈圖

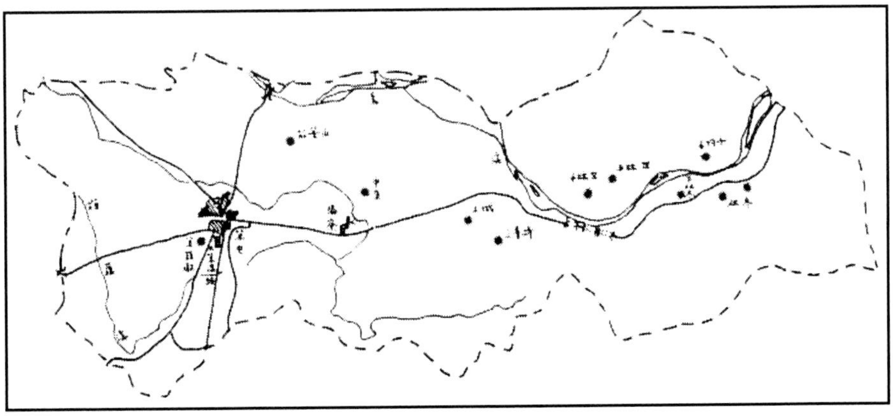

【圖片引用】《草屯鎮誌》，1986，頁 150。

雖然目前我們無法將草屯地區的考古遺址與北投社做任何相關的連結。但是從考古學界對於史前時代各階段的探討以及對中部地區考古遺址的整理。我們仍然可以大約瞭解北投社在史前時期的生活情景。根據學者對大甲溪流域的人類活動的觀點來看，似乎可以分成三種不同的活動空間：第一種，沿海平原、臺地、盆地大致構成一個環境類似的活動空間；第二種，丘陵以及海拔 7、800 公尺以下的淺山區域是另外一個活動空間；第三種，海拔在 1000 公尺以上的山地地區則爲另一類環境所形成的活動空間〔註 27〕。如果從這方面來看，中部平埔社群主要分佈在第一種的活動空間內，北投社亦然。另外，關於史前人類生活型態，我們可以參考下表：

表三　台灣史前時代各階段人類生活型態簡表

年　代	文　化　史	經　濟　史	生　態　史
50000B.P.~10000B.P.	舊石器時代晚期	採食（採集+狩獵+捕魚+採貝）	人爲自然的一部份，未改變環境
10000B.P.~6500B.P.	舊石器時代晚期持續	採食（採集+狩獵+捕魚+採貝）	人爲自然的一部份，未改變環境
6500B.P.~4600B.P.	新石器時代早期	產食＋採食（初期農業根莖類＋漁獵）	人配合自然互動，未改變環境
4600B.P.~3500B.P.	新石器時代中期	產食＋採食（種子＋根莖類【稻米】＋漁獵）	人配合自然互動，未改變環境
3500B.P.~1800B.P.	新石器時代晚期	產食＋採食（種子＋根莖類【稻米】＋漁獵）	尋找新的適應方式，往中海拔山區發展，略改變自然
1800B.P.~350B.P.	金屬器與金石並用時代	產食＋採食（種子＋根莖類【稻米】＋漁獵）	尋找新的適應方式，往中海拔山區發展，略改變自然

【資料來源】劉益昌，《台灣原著民史——史前篇》，南投：台灣文獻館，2002，頁 51。

從上表來看，北投社已屬於最後一個階段。從金屬與金石並用時代來看當時人民的生活。農業可能是平原地區的主要生業型態，並且已有繁複的社會組織和喪葬禮儀，同時也有繁複的族群關係與交換網絡〔註 28〕。我們大約可以推論，北投社在荷治時期以前，其生活型態已經步入產食＋採食的生業型態。再依據其活動空間以平原爲主，其生業型態應當以農業爲中心，而這時期北投社的農業重心，在於種子作物以及根莖類作物上，稻米或許亦成爲農業作物的一部份。而此時的北投社，應該已有繁複的社會組織和喪葬禮儀，也有繁複的族群關係和交換網絡。

〔註 27〕劉益昌，《台灣原著民史——史前篇》，2002 年，頁 81。
〔註 28〕劉益昌，《台灣原著民史——史前篇》，2002 年，頁 50～51。

根據前文自然環境一節與本節內容所述，我們可以看出北投社在歷史時代以前的生活圖像：一、北投社的生業型態與台中盆地各社群較為相近，而與沿海各社群略有差異。這差異性來自於所處環境上的不同（面海與靠山）所導致對漁獵的依賴及對獸獵的依賴比重不一。二、從考古遺址可看出了這兩種文化類型有密切關係，顯示兩者之間的互動由來已久。三、北投社在生活圖像上所呈現的與台中盆地各社群相近，大抵而言包括游耕聚落、以農為主、鋤耕、刀耕火種、薯芋、旱稻、獸獵、採集、繁複儀式、繁複社會組織、繁複的族群關係與交換網絡等。

第三節　文獻中的北投社

一、荷蘭時期

北投社最早記載，出現於十七世紀的荷蘭戶口調查紀錄〔註 29〕。從相關文獻中，可以清楚看到北投社早在十七世紀中葉，便已經跟鄰近社群發生密切互動，甚至也跟當地荷蘭統治者有所往來。根據研究，十七世紀中葉，中部地區曾經有一個跨族群統治的「王國」存在（或者說「跨部落聯盟」）。學者稱其統治者為大肚番王，而其名似乎叫做甘仔轄（Camachat）〔註 30〕。這個「王國」在最強盛的時候可能統治了當時不同社群底下的 27 個部落〔註 31〕。統治範圍大約包括今日的台中縣南部到彰化縣北部以及南投縣的一部分〔註 32〕。其中包含了現今分類下的 Papora、Pazeh、Babuza 以及 Arikun

〔註 29〕一般學者對北投社譯名的理解，大抵從張耀錡（1951）將荷蘭文獻上的 Tausa bata 的 Bata 一詞直接與北投社相對應開始，此後一直為學者所沿用。然而北投社做如此解釋，而南投社的譯名，在張耀錡所整理的荷蘭戶口表中卻未提到。不知何時，荷蘭戶口表中的 Tausa mato，卻被引用為南投社。中村孝志（1993）指出，這樣的比對有其問題，並找出其他荷蘭文獻來印證北投社應是 Tausa mato，南投社則為 Tausa talakey 才是。至於 Tausa bata 則應是指 Tosack 這樣的一個部落。張耀錡會產生直接的對應，應當是發音與閩南語相似，而做這樣的結論。

〔註 30〕有關大肚番王研究請參閱梁志輝、鍾幼蘭等著，《臺灣原住民史——平埔族史篇（中部）》，南投：省文獻會，2001 年，頁 55～63。

〔註 31〕有紀錄可考的則為 18 社左右。翁佳音，〈被遺忘的原住民史——Quata（大肚番王）初考〉，《台灣風物》42 卷期，台北：台灣風物，1992 年 12 月，頁 181。

〔註 32〕翁佳音，〈被遺忘的原住民史——Quata（大肚番王）初考〉，《台灣風物》42 卷期，台北：台灣風物，1992 年 12 月，頁 177。

等四大社群〔註 33〕。以下綜合幾位學者對大肚番王統治村落做一個整理：

表四　大肚王轄區村社資料表

社群別	翁佳音（1992）	中村孝志（1993）	康培德（2003）
Papora	大肚南社（Dorida mato）	大肚南社（Dorida mato）	大肚南社（Darida mato）
	大肚北社（Dorida amiciem）	大肚北社（Dorida amiciem）	大肚北社（Darida amiciem）
	大肚中社（Dorida babat）	大肚中社（Dorida babat）	大肚中社（Darida babat）
	水裡社（Bodor）	水裡社（Bodor）	水裡社（Bodor）
	沙轆社（Salach）（1645 脫離）	沙轆社（Salack）	沙轆社（Salagh）
	牛罵社（Goema）（1645 脫離）	牛罵社（Gomach）	牛罵社（Gomagh）
	Deredonsel（1645 脫離）		
Pazeh	斗尾龍岸番、岸裡大社（Aboan Tarranoggan）	Abouan tarranogan	斗尾龍岸番、岸裡大社（Aboan Tarranoggan）
	烏牛欄社（Aboan Auran）	烏牛欄社（Abouan auran）	烏牛欄社（Aboan Auran）
		Abouan baris	阿里史社（Aboan balis）
		朴仔籬社（Abouan poaly）	朴仔籬社（Aboan poali）
Arikun	Kakar Tachabou	Kakar tachabouw（1650 併入 Tavocol）	Kakar Tachabou（1648 年後併入大武郡社）
	猫羅社（Kakar barroch）	猫羅社（Kakar baroch）	猫羅社（Kakar baroch）
	Kakar Sakaly	Kakar Sackaley	Kakar Sakaly
	北投社（Tausa Bata）	北投社（Tausa mato）	北投社（Tausa Mato）
	南投社（Tausa Mato）	南投社（Tausa talakey）	南投社（Tausa Talakey）
	萬斗六社（Tausa Talakey）	Tausa bato	Tausa Bata
		Tavocol	大武郡社（Tavocol）
Babuza	阿束社（Assocq）	阿束社（Assocq）	阿束社（Asock）
	猫霧捒社（Babosacq）	猫霧捒社（Babosacq）	猫霧捒社（Babosacq）
	Baberiang	Baberiengh	Baberiangh

【資料來源】翁佳音，〈被遺忘的原住民史——Quata（大肚番王）初考〉，《台灣

〔註 33〕在最盛時期甚至可能包含道卡斯族在內。請參閱翁佳音，〈被遺忘的原住民史——Quata（大肚番王）初考〉，《台灣風物》42 卷期，台北：台灣風物，1992 年 12 月，頁 176。

風物》42 卷期，1992.12，頁 144～188。中村孝志著、許賢瑤譯，〈荷蘭統治下位於臺灣中西部的 Quataong 王村落〉，《臺灣風物》43 卷 4 期，1993，頁 206～238。康培德，〈荷蘭時代大肚王的統治與拍瀑拉族族群關係再思考〉，台中縣開發史學術研討會，2003.03.29。

關於大肚番王的種種，目前仍有許多的爭議，故在此不多做敘述。但從目前的研究成果來看，至少確定中部地區曾存在此一部落聯盟，並由 Papora 社群的其中一社領導。從上表中，可以看出學者們對於荷文中的村落名與清文獻中的社比對，大體上採取相同的看法。唯問題較多者，大概屬於 Arikun 社群的南北投社部分以及萬斗六社的問題。

筆者在本篇論文裡，比較傾向中村孝志的看法〔註 34〕，即以 Tausa mato 爲北投社，而以 Tausa talakey 爲南投社。原因有二：第一，在康熙五十六年周鍾瑄纂修的《諸羅縣志》中，曾有提到：「東爲南投山（內社二溪，南爲南投、北爲北投）、阿拔泉山、竹腳寮山」〔註 35〕。此段敘述點出南北投社之命名，是因爲漢人根據兩社的相關地理位置來命名，這顯然與荷文譯音的問題無關〔註 36〕。第二，中村孝志在其論文中指出：依據荷蘭文獻的記載，當時中國人稱 Tausa talakey、Tausa mato 分別爲 Lamtau（南投）、Packtau（北投）〔註 37〕。既然當時已有文獻載明漢人對南北投的名稱對應爲 Tausa talakey、Tausa mato，這已是最佳的證據。有些學者對此種論點抱持爭議；原因在於根據此論點，則荷蘭戶口表中南北投社之人口記載與清代之人口記載明顯不符。筆者以爲這是可以理解的，一社的人口變化可能有許多的因素如天災、戰爭、分社都有可能，而大小社之分別不在於人口的多寡，因爲本社有可能因爲人口遷出或後天環境不良而導致人口衰減，而支社則有可能因後天的條件較好而導致人口增加。此外，筆者以爲南北投社何爲大社（或本社）、小社（或支社）之爭議並無意義可言。因爲同時附近仍有其他 Tausa 系統的村社存在，我們不能說這些 Tausa 村社與南北投社沒有大小社之關連，亦不能排除這些村社其中或許有本社的存在。

〔註 34〕請參閱中村孝志著、許賢瑤譯，〈荷蘭統治下位於臺灣中西部的 Quataong 村落〉，《臺灣風物》43 卷 4 期，台北：臺灣風物，1993 年，頁 206～238。

〔註 35〕周鍾瑄，《諸羅縣志》，台銀版台灣文獻叢刊第 141 種，1962 年，頁 9。

〔註 36〕劉枝萬也提出同樣的看法，請參照劉枝萬，《南投縣沿革志開發篇稿》，南投：南投文獻委員會，1958 年，頁 2。

〔註 37〕中村孝志著、許賢瑤譯，〈荷蘭統治下位於臺灣中西部的 Quataong 村落〉，《臺灣風物》43 卷 4 期，1993 年，頁 224～225。

關於 Tausa bata 一詞，中村孝志則以為指 Tosack 或 Vasabata 這一個地方〔註 38〕。而 Tosack 這個名詞，在清康熙二十三年蔣毓英的《台灣府志》中，有出現「投拺社」一詞，應當就是指 Tosack 這個地方。根據林欣怡之研究，「投拺社」可能位於霧峰與草屯交界之處，亦即後來萬斗六社所在地〔註 39〕。翁佳音則直接將 Tausa Talakey 對應為萬斗六社。不過筆者以為翁氏這樣的比對有其問題存在。從目前的研究可知，猫羅社即萬斗六社。劉枝萬曾提到嘉慶二年時，猫羅社已移住於萬斗六並跟漢人混居在一起。所以在相關文獻上，常常可以發現到有猫羅萬斗六社一詞出現。嘉慶十年的「立給墾永耕字」中，更可以明顯看出二者的關係。

「立給墾永耕字」〔註 40〕：

立給墾永耕字猫羅社番蔡懷觀，有承祖父遺下厝地一段，坐土名猫羅社，東至路為界，西至目斗地為界，南至少珍地為界，北至冤腳古黨為界；四至界址明白。今因合家相議，將厝移居萬斗六新社。此厝地窵遠，乏力耕種，將此厝地給與佃人曾買觀開墾。即日收過地基銀十一大員；將地踏付銀主自備工本，開墾成園耕作，永遠為業，每年貼納大租錢一百五十文。一給千休，日後子孫不敢言及貼贖找洗，亦不增租。保此係懷承父厝地物業，與房親叔兄弟姪無干，亦無重張典給他人不明；如有不明，懷出首抵擋，不干佃人之事。此係兩愿，各無反悔，今欲有憑，立給墾耕字一紙，付執為照。
即日收過契內地基銀十一大員完足，再照。
嘉慶十年六月　日。

代筆人　王永燈
為中人　陳變觀
知見人　懷關
立給墾永耕字番　□□□

此份文書明白顯示，猫羅社番於嘉慶年間遷移到萬斗六地方，而後則以

〔註 38〕中村孝志著、許賢瑤譯，〈荷蘭統治下位於臺灣中西部的 Quataong 村落〉，《臺灣風物》43 卷 4 期，1993 年，頁 224～225。

〔註 39〕不過如果從對「投拺社」地點之推論。那麼萬斗六社一地原本或許還有一部落存在，並且持續到康熙末年。究竟為何衰落消失或與猫羅社或是北投社合併？則原因不得而知。請參閱林欣怡，《清代臺灣漢人社會的建立——以南投平林溪流域為例》，台南：師範學院鄉研所，2000 年，頁 12～14。

〔註 40〕請參閱：臺灣銀行經濟研究室編，《清代臺灣大租調查書》，1963 年，頁 478。

萬斗六社或猫羅萬斗六社作爲其稱呼。所以 Tausa Talakey 應當不能對應爲萬斗六社。

從前文可知，北投社在西元 1640 年以前，就已跟中部地區的平埔社群有密切的來往關係。在 1645 年 4 月 7 日的南部地方集會裡。大肚番王首度出席接受荷蘭東印度公司的籐杖，表示臣服於公司的統治之下。同時大肚番王統治下的幾個村落也有首長或長老來出席會議，其中包含了：Tavocol，代表者 Botley、Hedey；Tosacq（Tausabata）〔註 41〕代表者 Dachadau、Caula；Babosacq（猫霧捒）代表者 Talacq、Taubach；東 Abouangh（Terranogan）代表 Bachala（馬下六）；西 Abouangh（Auran 即烏牛欄）代表 Asilow（阿四老）〔註 42〕。根據 Tosacq 代表出席地方集會，顯示 Arikun 社群已開始與荷蘭人進行接觸。

1646 年 3 月 31 日，大肚王（Camachat）本人與數名北路村社長老前來向當時虎尾壟駐地的宣教師 Van Breen 抱怨；苗栗一帶的加至閣社（Kalican），對前往岸裡社（Tarranogan）一帶覓食的猫羅社（Kackarbararoch）、Kackar Sakolei 社與 Tausa bata 社眾進行獵首，受害者包括二名猫羅社婦女〔註 43〕。同時期，地理位置可能在今日月潭一帶的水裏社（Serrieus）與北投社（TausaMato）亦曾至 Van Berrn 處控訴北鄒族的知母勝社（Tivora）對其騷擾〔註 44〕。根據以上記載顯示，Arikun 社群不但與大肚番王轄下的其他社群有密切關係，甚至與較遠處的鄒族、水沙連等社群亦有關連。同時 Arikun 社群的活動範圍可能遍及整個中部地區。此外從記錄中，可以發現 Arikun 社群似乎有集體向外覓食的現象，這屬於當時的一般現象或是特殊的現象？有待日後進一步研究。同時從婦女被殺事件可知，當時婦女經濟活動地點不侷限於部落周遭，亦可能跨區從事採集的活動。而社與社之間的關係並非和諧穩定，征戰存在於各社之間。

〔註 41〕中村孝志著、許賢瑤譯，〈荷蘭統治下位於台灣中西部的 Quataong 村落〉，《台灣風物》43 卷 4 期，台北：台灣風物，1993 年 12 月，頁 231。

〔註 42〕江樹生譯著，《熱蘭遮城日誌（二）》，台南：台南市政府，2002 年，頁 396。

〔註 43〕康培德，〈荷蘭時代大肚王的統治與拍瀑拉族族群關係再思考〉，台中：台中縣開發史學術研討會發表論文，2003 年 3 月 29 日，頁 4。江樹生譯著，《熱蘭遮城日誌（二）》，台南：台南市政府，2002 年，頁 530。

〔註 44〕同前註。

二、清代文獻

清代文獻中，北投社出現的很早。依蔣毓英《臺灣府志》〔註 45〕所載，當時諸羅縣所轄範圍僅包含四里三十四社。南北投社包含其中，這顯示清初時期，北投社已爲清代官方所認知。康熙三十三年，高拱乾纂《臺灣府志》中已提到：「南北投社，離府治五百六十里」〔註 46〕，「南北投社徵銀五百零一兩三錢二分八釐八毫」〔註 47〕。此時南北投社已成爲納餉單位之一，顯示在政治上已歸附于清廷之下。而在康熙五十六年，周鍾瑄修《諸羅縣志》中有提到：「南北投社，額徵銀五百零一兩三錢二分八釐」（內猫羅社餉銀附入合徵）〔註 48〕。猫羅社亦在此時併入南北投社成爲同一賦餉單位。不過由於餉銀金額未變，筆者以爲早在康熙三十三年，猫羅社即已附在南北投社賦餉單位之下，只是餉銀數目不多，故未提及而已。

康熙年間關於北投社紀錄，主要爲賦餉或道里之單位。而雍正二年黃叔璥的〈番俗六考〉〔註49〕，則出現關於北投社生活各方面紀錄。〈番俗六考〉一般被認爲是研究清代初期平埔社群最好的材料。它不但在各方面有詳細的紀錄，而且也是第一個將平埔社群作分類的。依據目前的研究來看，有關於黃叔璥對平埔社群的分類基準眾說紛紜。不過如果以中部地區平埔社群的所在地緣關係來看。似乎可以發現，黃叔璥將中部平埔社群依地緣關係將平埔社群分成三大群，分別記錄在北路諸羅番三、六、八中。其中彰化平原所在社群記錄於諸羅番三；沿大肚溪（或烏溪）流域分佈之社群記錄於諸羅番六；沿大肚山分佈之社群記錄於諸羅番八。大抵而言，筆者以爲黃叔璥對於中部平埔社群的分類方式，是依照地緣及文化來分類，而非以族群作爲考量。以下列舉諸羅番三、六、八中所分別包含之番社：

表五　諸羅番三、六、八中所分別包含之番社表

類　目	番　社　名	分佈地域
北路諸羅番三	大武郡、猫兒干、西螺、東螺、他里霧、猴悶、斗六（柴裏）、二林、南社、阿束、大突、眉裏、馬芝遴	彰化平原

〔註 45〕蔣毓英，《台灣府志》，南投：省文獻會，1993 年。
〔註 46〕高拱乾，《臺灣府志》，台銀版台灣文獻叢刊第 65 種，1960 年，頁 38。
〔註 47〕同前註，頁 135。
〔註 48〕周鍾瑄，《諸羅縣志》，台銀版台灣文獻叢刊第 141 種，1962 年，頁 98。
〔註 49〕黃叔璥，《臺海使槎錄》，台銀版台灣文獻叢刊第 4 種，1957 年，頁 94～177。

北路諸羅番六	南投、北投、猫羅、半線、柴仔坑、水裡	大肚溪流域
北路諸羅番八	大肚、牛罵、沙轆、貓霧捒、岸裡、阿里史、樸仔籬、掃束、烏牛欄	大肚山二側

〈番俗六考〉中關於番俗之記載，主要分成居處、飲食、衣飾、婚嫁、喪葬、器用、番歌附載等七項分別敘述。由於北投社被歸類爲北路諸羅番六。所以大抵而言可以依據諸羅番六來看清代初期北投社生活各方面情形。以下我們將諸羅番六各項整理如下：

(1) 居　處

屋曰夏堵混。以草爲蓋，或木或竹爲柱；厝蓋莪茅編成，邀眾番合於脊上。大小同居一室；惟未嫁者另居一舍，曰貓鄰。〔註50〕

從以上來看，北投社基本上以草、竹、木爲建築材料。搭建時，其步驟爲先築土基，次立支柱，再則編木、竹、茅草爲牆，最後則在屋址旁邊，另將屋頂以茅草搭成，再合社人之力，將屋頂架上。其建築形式可能爲平臺式建築〔註 51〕。由於此類建築形式，普遍存在於西部平埔社群之間。故依照

〔註50〕黄叔璥，《臺海使槎錄》，1957年，頁115。

〔註51〕關於平臺式建築，就目前筆者所收集的資料來看，大約有三種說法：第一種是宇驥（1970：14）在其論文中提到平臺式建築是漢化過程中所導致的結果。然而根據清代或西方人的紀錄來看，其對於平埔社群村落的讚美往往勝過於漢式村落。這說明平埔社群似乎沒必要改變自己的建築形式，而且早期漢人來台開墾的建築形式，絕大部分亦是以茅草竹屋建築爲主。康熙五十三年，西洋傳教士馮秉正授命來台測繪地圖時，曾經對當時最熱鬧的台灣府城有過敘述，其中提到街上的商店房屋建築，都是以草蓋成，大部分是用泥土和竹造的（方豪1949：45，林金源譯2002：66）。第二種是李亦園（1957：117～144）根據對平埔族群房屋建築的研究。認爲平臺式建築爲西部平埔社群較具獨特的建築形式，主要分佈於平埔族群中的西拉雅以及洪雅社群之中。推溯其源流，則與鄰近太平洋地區上的玻利尼西亞（Polynesia）、密克羅尼西亞Micronesia）等諸群島有類緣關係。李氏推論，平臺式建築應該源於東亞，而後於臺灣、呂宋而至密克羅尼西亞、然後到達玻利尼西亞。相較於干欄式建築而言，平臺式建築可能爲早期文化遺存。換句話說，李氏認爲平臺式建築與干欄式建築是文化新舊期的差異。第三種說法則是根據臺灣地形氣候而做的推論，大抵以大安溪爲界。以北地方氣候多潮濕，所以爲干欄式建築。以南氣候則乾雨季分明，雨季時高出的地基可防大水入侵，所以爲平臺式建築。至於這三種說法何者正確？筆者以爲除第一種說法以外，氣候適應及文化傳播皆有其合理性。但細論之，則筆者以爲氣候的因素顯然較佔重要因素。雖說文化的傳播有其可能性，但文化的轉變往往取之於當地環境的改變而必須產生適應。所以筆者認爲平臺式建築及干欄式建築基本上沒有文化的高低或先後期差別，而是取決於人對於當地的適應性。

諸羅番三、六、八之敘述，我們可以瞭解房屋樣式及其功能：「塡土爲基，高可五、六尺；編竹爲壁，上覆以茅。茆簷深邃垂地，過土基方丈，雨暘不得侵：其下可舂，可炊，可坐，可臥，以貯笨車，網罟，雞塒，豬欄。架梯入室……」〔註 52〕。從房屋之功能性來看，社人之生活空間特別重視屋簷下方之運用。從早期原住民對住屋空間運用來看，家屋本身大抵只是作爲休息居住的場所。而炊事、居家、聯誼活動等一般以戶外爲主。當雨季來臨時，其日常生活動作可藉由屋簷下的避雨空間繼續進行而不受影響。

從居住上來看，基本上全家大小同居一室。然而如有少女已屆婚齡未嫁者，則另築一屋讓其居住，其目的應該在於方便少年求偶之進行。除此之外，應當還有「禾間」、「社寮」等建築物存在。「禾間」即穀倉，普遍存在於各原住民族之中，傳統形式爲干欄式建築，支柱上通常會有擋鼠板裝置以防止老鼠進到穀倉。「社寮」即會所，其建築通常位於部落中心，而爲社人交際、聚會商討社務之處，通常爲男性專用。到了清代，會所卻成爲官方辦事處，與原來會所性質不盡相同。

（2）飲　食

> 食米二種：一占米，一糯米。每晨淘淨入籃筐內，置釜蒸食。外出裹腰間，手取食之。爲酒亦如內優等社。魚蝦鹿肉等物，先炙熟，再於釜內煎食。半線以北，取海泥鹵曝爲鹽，色黑味苦，名幾魯；以醃魚蝦。〔註 53〕

食米有兩種，皆屬陸稻可能性較高〔註 54〕。北投社是否以稻作爲主食仍有問題？筆者以爲，將陸稻與小米、根莖類、豆類等旱地作物輪作或間作的可能性較高，亦即北投社並非以稻米爲主食。然而米在北投社有無法取代的地位，因爲它不但是食物來源之一，亦是釀酒材料。而所釀成的酒，不但用於平常飲食，更是宗教祭儀所不可或缺的必需品。酒的製造方法與內優等社相同：「先以水漬透，番婦口嚼成粉，置甕中，或入竹筒；亦用黍稈燒灰，攪

〔註 52〕黃叔璥，《臺海使槎錄》，1957 年，頁 103。

〔註 53〕同前註，頁 115。

〔註 54〕根據黃叔璥《臺海使槎錄》之記載：「稻有秔、糯。秔稻種於水田者曰早占、曰晚占，色白；種於園者曰埔占，色赤。糯稻種於水田者曰赤秫，穀色赤；種於園者曰禾贖，粒大，色白」從以上之記錄，可知占米、糯米各有水、旱兩種。清朝初期，漢人還未大量進入北投社域進行墾殖，並且當地還無水利灌溉措施，故可以推知當時北投社之稻作以陸稻爲主。請參閱黃叔璥，《臺海使槎錄》，1957 年，頁 53。

成米麴，發時，飯或黍秫和入，旬日便成新酒。」〔註59〕

至於肉類則以熟食爲主，先烘烤過再做煎煮動作。筆者以爲，其先「炙熟」的動作，可能是爲保存需要而做。在原住民族群中，通常捕獲的獵物會先在山上進行處理，處理的方式是先將獵物分解成肉塊，然後用火烘烤成肉乾後再帶下山。這樣的處理有助於肉類的保存而不會立即腐壞。不只獸肉的處理方式如此，魚類的處理方式亦是相同。除了烘乾的處理方式外，使用鹽巴來防腐應該也是方法之一。關於鹽的取得，筆者以爲北投社可從對沿海社群的交易中取得。

(3) 衣　飾

衣用達戈紋或用皁布、白布，俱短至臍。每年二月間力田之候，名換年；男女俱衣雜色綢紵紅襖，曰包練；或妝蟒錦繡爲之。番婦頭帶紗頭箍，名荅荅悠；用白獅犬毛作線織如帶，寬二寸餘，嵌以米珠。飲酒嫁娶時戴之。番最重此犬，發縱指示，百不失一；或以牛易之，尚有難色。項掛衣堵（瑪瑙珠名）、眉打喇（螺錢名）。數十人挽手而唱，歌呼蹋蹄，音頗哀怨。麻達兩耳如環，實以木板螺殼。已娶者曰老纖，則去塞耳以分別長幼。

『半線以上，多揉樹皮爲裙，白如苧；曉行以禦湛露，晞則褪之』（諸羅志）。〔註56〕

日常衣服以達戈紋〔註57〕或黑、白布做成，上衣短至肚臍。大抵而言，日常所穿衣服較爲樸素。每到過年或是節日，則穿著鮮豔服飾。身體並有裝飾以及配戴各樣飾品以爲隆重之意。其中對犬毛做成飾品或服飾似乎特別重視。飾品有用瑪瑙珠或螺錢做成之項鍊。在身體毀飾方面，應有文身刺墨的習俗。〈番俗六考〉雖未記載，但在康熙三十七年郁永河的《裨海紀遊》〔註58〕中卻有描述諸羅山社以北之平埔社群普遍都有文身習俗。文身部位主要在

〔註59〕同前註，頁114。

〔註56〕同前註，頁115～116。

〔註57〕關於達戈紋之相關記載，達戈紋指番自織布名，亦即番布。「番婦用圓木挖空爲機，圍三尺許，函口如槽，名普魯。以苧麻撚線，或用犬毛爲之，横竹木桿於機內，卷舒其經，綴線爲綜，擲緯而織，名達戈紋」而達戈紋之材料，主要爲苧麻，有些則夾雜染色（主要爲紅色）犬毛交互織成。其樣式有紅白相間之紋式。請參閱黃叔璥，《臺海使槎錄》，1957年，頁98、104、106。

〔註58〕請參閱郁永河，《裨海紀遊》，南投：省文獻會，1996年，頁18～19。

於身體以及雙手，反倒臉部沒有提及。此外，還有穿耳的習俗，北投社似乎以大耳爲美，所以在古文書中常可見到某人之名爲大耳某某者，例如大耳三甲、大耳阿旦、大耳阿祿、大耳貓六等，可見北投社番有普遍穿耳擴大之習俗。大耳之美以木板螺殼裝飾，然而結婚後則必須除去裝飾以與麻達分別，這亦顯示北投社可能有明顯的年齡層級分別。

(4) 婚　嫁

婚姻曰綿堵混。未娶婦曰打貓堵。男家父母先以犬毛紗頭箍爲定；或送糯飯。長則倩媒。娶時宰割牛豕，會眾敍飲。男贅女家亦如之。如有兩女，一女招男生子，則家業悉歸之；一女即移出。如無子，仍同居社寮。夫婦反目，男離婦，必婦嫁而後再娶；婦離男，必男娶而後再嫁。違則罰牛一隻、車一輛。通姦被獲，男女各罰牛車；未嫁娶者不禁。半線社多與漢人結爲副豚。副豚者，盟弟兄也。漢人利其所有，託番婦爲媒，先與本婦議明以布數匹送婦父母，與其夫結爲副豚，出入無忌。貓兒干、東西螺、大武郡等社，亦踵此惡習，但不似半線太甚耳。〔註59〕

婚姻形式有幾種：第一種是幼年時即下聘爲定，長大後再請媒說親。第二種是自由結婚，本文雖未提及自由戀愛結婚，但是這種結婚方式普遍存在於各社群中。第三種是招贅婚，一般家中如有二女，則一女招男生子，另一女則移出家中。結婚時，宰殺牛豬，全社會飲。至於夫婦反目的話，如果是男方離開，則必須等女方先嫁才能再娶。同樣的，如果是女方離開，則必須等男方先娶而後才能再嫁。如果違反，則必須罰牛一隻，車一輛。如果通姦被抓，則男女皆必須受罰，但未婚男女私通則不在禁止範圍內。從文中來看，北投社似無明顯母系社會特質，反而比較傾向於雙系社會性質。

(5) 喪　葬

番死，老幼裹以草席，瘞本厝內；平生衣物爲殉。親屬葬畢，必浴身始入厝。喪家不爲喪服，十日不出戶；眾番呼爲馬鄰。夫亡婦改適，必逾兩月，告知父母姑舅，許諾乃擇配。〔註60〕

社番死後，主要以室內葬爲主。屍體裹以草席，以生平衣物爲陪葬品

〔註59〕黃叔璥，《臺海使槎錄》，1957年，頁116。
〔註60〕同前註，頁116～117。

〔註 61〕。喪家不穿喪服，在喪禮進行十日內不出戶，而由親戚送飯至家中食用。社番則稱喪家處爲「馬鄰」。親屬待葬禮完畢，先浴身洗淨以示清除污穢後，才進入屋內。假使丈夫去世，而妻欲改嫁。必須等兩個月以後，告知父母姑舅，待其允諾才可以改嫁。

(6) 器　用

耕種捕鹿具，與眾番同；惟採魚兼用蔑簹。炊以三石塊爲竈，螺蛤殼爲椀，竹筒爲汲桶。〔註 62〕

文中提到耕種捕鹿器具與其他社群相同。關於捕鹿器具，諸羅番二有如下之記載：「捕鹿弓箭及鏢，俱以竹爲之。弓無弰〔註 63〕，背密纏以藤；苧繩爲弦，漬以鹿血，堅韌過絲革。射，搭箭於左，箭舌長二寸至四寸不等，傅翎略如漢製，而翦其梢。鏢桿長五尺許，鐵鏃鋒銛長二寸許，有雙鉤，長繩繫之，用時始置箭端。遇鹿麂，一發即及：雖奔逸，而繩掛於樹，終就獲焉。」〔註 64〕至於耕種器具，則「耕田用小鋤；或將堅木炙火爲鑿，以代農器。」〔註 65〕由於農具主要以掘棍及小鋤爲主，顯示北投社農業型態，此時還處於山林燒墾的階段。較其他社群不同者，在於捕魚器具使用篾簹。篾簹的使用是因爲此區社番的竹編工藝較高的關係還是漢人傳入的關係則不得而知。在炊事方面以三塊石頭爲竈。而以螺蛤殼爲碗的記載來看，可以明顯看出與沿海社群之間的往來關係密切。

(7) 番　歌

南北投社賀新婚歌：

引老綸堵混（爾新娶妻），其衣堵眉打喇（我裝珠飾貝）；蠻乙丹綸堵混（慶賀新婚），引老覺夫麻熙蠻乙丹（爾須留我飲賀酒）。〔註 66〕

此歌描述新婚宴請歡喜情景。番歌載明爲南北投社賀新婚歌，顯示兩社關連密切，應當是血緣社群之分別。而稍後在本文中，其密切關係也可從古文書中看出。

〔註 61〕洪敏麟老師曾口頭告知：日治時期於溪洲坪林橋墩下，曾因工程發掘出一遺骸。其埋葬形式爲屈肢葬，與一般漢人埋葬方式不同，或許跟北投社有關。

〔註 62〕同前註，頁 117。

〔註 63〕弰，指弓的兩端。

〔註 64〕同前註，頁 102。

〔註 65〕同前註，頁 114。

〔註 66〕同前註，頁 117。

從以上七項之敘述，大抵可以瞭解清代初期北投社生活圖像。清代初期，北投社仍處於原始生活階段。農事上以山林燒墾爲主，以捕魚及狩獵爲肉食來源。而此時與其他各社群之間有密切往來關係，其關係有交易，有婚姻，有征戰。而在社會結構上，有明顯的年齡層級區別。

北投社在漢人體制下的歷史演變與相關歷史事件

〈番俗六考〉以後，有關北投社記載，主要以漢人體制下的政治措施以及相關歷史事件爲主。在政治措施方面，影響北投社最大的應是社學的設置。番人教育最早興起於荷蘭時期。荷蘭人跟西班牙人爲了傳教的目的，分別於台灣中、南部跟北部設學校教導原住民唸書識字。而明鄭時期亦在台南一帶設學校以教導原住民。

清康熙二十五年，諸羅縣令樊維屏於新港社、目加溜灣社、蕭籠社、麻豆社等設立社學以教番童〔註 67〕，此時仍以台灣南部爲主。雍正十二年，巡道張嗣昌建議於各番社各置社師一人以教番童，於是各地社學大興。其中彰化縣土番社學共有十七所（乾隆十一年以前），分別設在：半線社、馬芝遴社、東螺社、西螺社、猫兒干社、大肚社、大突社、二林社、眉裏社、大武郡社、南社、阿束社、感恩社、南北投社、柴坑仔社、岸裏社、猫羅社〔註 68〕。此時南北投社合爲一教學單位，而猫羅社則爲一獨立單位。這樣的情形與賦餉單位有所差別。一般以爲猫羅社餉銀附在南北投社之下，顯示猫羅社可能爲一小社。然而從社學設置來看，猫羅社爲獨立單位，顯示其番童人數可能比南北投社來的多。如此看來，利用賦餉單位或社學單位來分辨村社大小並不可行。乾隆二十五年以後，社學設置又有些微變化，南北投社分別設置社學，而眉裏社、柴坑仔社則因遷社而分別附在東螺社以及大肚社下。此外還新增遷善社、貓霧捒社以及阿里史社等社學〔註 69〕。

社學的設置對於北投社應有極大的影響，最明顯的即是在古文書的簽訂上，有些古文書的代筆人即是由北投社番所寫。例如乾隆五十七年的「立杜賣盡根契字」〔註 70〕：

> 立杜賣盡根契字北投社番猫六有自置應份地基園壹段座落土名草鞋墩圳北東至林供厝爲界西至蔡訪石釘爲界南至大圳爲界北至小圳爲

〔註 67〕高拱乾，《臺灣府志》，台銀版台灣文獻叢刊第 65 種，1960 年，頁 33。
〔註 68〕范咸，《重修臺灣府志》，台銀版台灣文獻叢刊第 105 種，1961 年，頁 290。
〔註 69〕余文儀，《續修臺灣府志》，台銀版台灣文獻叢刊第 121 種，1962 年，頁 362。
〔註 70〕謝嘉梁，《草屯地區古文書專輯》，1999 年，頁 9。

界四至界址具各明白年配納地基園大租粟玖斗柒升正今因乏銀別置愿將此地基園出賣先盡問本社番親姊妹不欲承受外拖中引就向與劉杏觀出首承買三面議定著係時値價銀參拾大員正其銀契即日仝中交收足其地基園隨即交付銀主掌管起厝居住開園成宅種竹惟不敢異言阻擋保此物業與別番親無干亦無重張典掛他人財物爲礙不明等情如有此等係六抵擋不干買主之事日後價値千金子孫永不敢言贖亦不敢言找之理此係二比干愿各無反悔恐口無憑今欲有憑立杜賣盡跟契一紙付執爲炤

即日仝中見收過地基園契銀參拾大員整完足再炤

代筆番　阿木

爲中人　林字

知見　母親

乾隆伍拾柒年拾壹月　　日立杜賣盡根契番　貓六

除了古文書的簽訂外，我們可以推測某些北投社番於此時由於受到漢學的薰陶，在思想及行爲上已有極大的轉變，而且也開始採取使用漢姓。關於原住民改漢姓之由來，一般以爲是從乾隆二十三年頒佈賜漢姓開始。但我們可以在古文書中發現有些北投社番，在乾隆二十三年以前便開始使用漢姓，如乾隆十六年就有葛姓出現的記載〔註 71〕。顯示社學的設置或許跟北投社番改漢姓有極大的關連。

除了社學的設置外，清代文獻中可找到相關北投社歷史事件。歷史事件對一個社群或族群的影響極大。這影響不單是在表面的行爲上，而且影響其內心的發展。導致後來面對類似事件時，所採行的行爲與策略仍受其支配。以下我們列舉跟北投社相關事件：

表六　北投社相關歷史事件表

發生年代	事件名稱	事由	北投社所扮演角色
順治 03 年（西元 1646）	知母勝社侵擾	北鄒族知母勝社侵擾水裏社及北投社	被害者

〔註 71〕在「立賣契」中有葛買奕、葛貓六等圖記，顯示葛姓已經被北投社番使用。請參閱謝嘉梁，《草屯地區古文書專輯》，1999 年，頁 107。此外，番殺兵民事件中的通事三甲，其漢名爲葛第夫，亦可證明葛姓以爲北投社漢姓。

雍正 04 年（西元 1726）	大甲西社事件	官吏奴役番民所導致	先叛亂，後歸順成爲義番角色
乾隆 07 年（西元 1742）	郭興事件	無賴棍徒勒索社番	被害者角色
乾隆 16 年（西元 1751）	番殺兵民事件	簡經佔田欠租	唆使生番殺人
嘉慶 01 年（西元 1796）	楊振文混佔口糧租案	楊振文混佔口糧租	赴省上控者
嘉慶末年	張媽喜侵佔北投社山場事件	張媽喜侵佔北投社山場	告官平反

【資料來源】《雍正硃批奏摺選輯》（二）・一九四、署福建總督郝玉麟據報進剿番社情形恭摺奏聞摺，1996，頁 234～236。《臺案彙錄己集》卷五・六六、吏部「爲准刑部咨」移會，1997，頁 215～223。《臺案彙錄己集》卷四・五五、福建巡撫劉於義摺，1997，頁 163～165。《清代臺灣大租調查書》，1994，頁 630。劉枝萬，《南投縣沿革志開發篇稿》，1958，頁 125～126。

從歷史事件中，可以發現北投社的角色似乎與其他的中部平埔社群稍有不同。它對清廷的態度一開始即是順服的，而且與官方的關係良好。雍正四年發生的大甲西社事件，北投社扮演義番的角色，自願爲清廷效力。乾隆十六年的番殺兵民事件〔註 72〕，似乎呈現北投社爲反抗者的角色。然而詳究整個事件的發生，其領導者實爲一「歸化」熟番的漢人所引起〔註 73〕；主因在

〔註 72〕關於乾隆十六年番殺兵民事件，茲依據奏文略敘其發生經過：雍正七年（1729），草屯地區有漢人簡經者，娶北投社女子爲妻，向北投社葛買奕贌得北投社公共埔地，土名大吼凹仔，又名內凹庄（內轆，今南投市內新里）。之後又於雍正十三年（1735），另佔土名舊社公共埔地（今草屯鎮北投埔），議納租穀。但至乾隆十二年（1747），累欠租穀六千餘石，丁餉銀一千餘兩。此時葛買奕的養子三甲（漢名葛第夫），擔任南北投社通事，於乾隆十二年赴臺灣府告追，不料簡經僅償還租穀一千餘石，仍佔田欠租。三甲索討無果，積忿難釋。於乾隆十六年（1751）十一月，唆使通事葉福，勾結萬丹坑（今南投縣名間鄉番仔寮）隘口生番老茅，遊說埔里、貓裡眉、福骨、眉加臘等社土著，約定日期，出草殺人。是年十二月八日，大肆焚殺內凹庄，獵去人頭二十餘個。三甲因懼事情敗露，再令生番往他處殺人，遂再襲柳樹湳營盤（今台中縣霧峰），殺死兵丁七名。案發後，福建巡撫飭屬嚴辦，遣通事入山，起出頭顱。三甲凌遲處死，老茅、葉福等斬決梟示，簡經丈一百，流三千里。有關官員因諱報失察，分別提參議處。詳情請參閱《臺案彙錄己集》，1997 年，頁 215～223。

〔註 73〕主事者三甲，爲漢人葉順所生，自幼賣與北投社番葛買奕爲子，漢名葛第夫，

於北投社通事三甲教唆生番殺人。而北投社番對此事件發生；有土目大岱之勸阻〔註 74〕，而北投社番則因為「素畏通事，大斗六等不敢不從」〔註 75〕。整體觀之，雖有與其同謀者如大霞、容仔等，但大部分北投社番顯然並不樂意此事發生。

乾隆十六年的番殺兵民事件，必然對北投社造成一定的影響。其後所發生的楊振文、張媽喜等佔田欠租事件，北投社寧願採取向官方申告的方式而非以武力解決，可能即與此事件有關。

筆者以為北投社從清初一開始便採取歸順的態度與清廷合作，與北投社歷來長期處於被統治下有關。北投社在清代以前，先後臣服於大肚番王以及荷蘭人的統治之下。既然是被統治的對象，顯然是經過武力的征服。這或許導致北投社在入清之後，對於統治者採取順服的態度。然而，官方對北投社之態度亦值得注意。一個被統治者，如果沒得到良好的回饋，亦不可能維持順從的狀態。觀諸北投社相關歷史事件，清代官方的處理方式是以寬大和偏袒的態度處理。從番殺兵民事件來看，官方只有處置涉案人員，且所涉及的北投社番不多，並且不因為這次事件而有滅社或迫社遷移或改名的情形發生，這與之前發生的大甲西社事件的處理方式截然不同。此次事件規模雖然不比大甲西社事件，但清廷對此事件的關注，對後來理番政策的改變有極大的影響。稍後的楊振文佔田欠租事件，雖然楊振文為仕紳階級且有軍功在身。然而當北投社番告官申訴時，官方仍是公正的處理，判定歸還田產給北投社。這似乎顯示北投社的順從態度，得到了清代官方的回饋，而這也加強了北投社在日後對清代官方更加的順從。

三、日人調查

清末時期有關北投社記載，主要來自於伊能嘉矩對於埔里地區的調查。伊能嘉矩曾在一八九七年八月七日到二十二日進行埔里地區的熟番調查〔註 76〕，其中八月十六日到八月二十一日都有關於北投社紀錄。在這次的調查中，關於北投社之紀錄大致載有遷移埔里之口傳、南北投社祭祖儀式以及南北投社語

長而承充南北投社通事。《臺案彙錄己集》，1997 年，頁 216。

〔註 74〕同前註，頁 216。

〔註 75〕同前註，頁 217。

〔註 76〕請參閱伊能嘉矩著，楊南郡譯，《臺灣踏查日記》（上）（巡台日乘），台北：遠流，1997 年，頁 157～197。

彙。

遷移埔里之口傳

根據《臺灣番政志》引伊能嘉矩對北投社遷移到埔里之口傳：

> 我族在六、七十年以前，原住彰化方面之北投社，嘗爲捕鹿入山，途遇水沙連番時，對該番言及所住平地，日爲漢人所侵佔，告以不能久居情形，即導引至其頭人（或曰頭人名天賜鐳）之家，請教對策，頭人即導引至埔社丘原，當時雖已有埔眉二番先住其地，然未墾之處尚多，草木繁茂實爲天與之佳地，我族人大喜，回社對同族告明此事，於是乃決定舉族移住此地。而先住二番亦已馴化，不爲抵抗，反因屢受其他野番襲擊，而由該先住二番防衛焉。同時移來之我同族南投社番，有名武住尼因（Vutsunegen）者，爲當時率引我族來此之頭人，初來時占今之大埔城東方四華里茄苳腳附近舊社之地（今尚有竹圍叢繞而無人居住，已變爲水田矣。）嗣後我同族相繼而來，乃分住距此東北方四華里五港泉之地，茄苳腳舊地今雖無人居住，而做爲南北投社開埔基業之地，祭祀祖先之儀式，即以此舉行爲例。自後約經過二十年而分住各地。〔註 77〕

從上文可知，北投社遷移埔里之原因是由水沙連社番引介。而根據楊南郡對伊能嘉矩著〈埔里社の平埔蕃部落〉〔註 78〕的譯著中，還有提到先有社番男二十人，女七人等共二十七人先到埔里居住以爲先鋒〔註 79〕。而北投社舉社遷移之後，先行居住於茄苳腳之地，故以此爲南北投社開埔基業之地，往後在此舉行祭祖儀式〔註 80〕。同時從文中可知，南北投社實爲同一族，關係密切。

南北投社之祭祖儀式

根據伊能嘉矩於〈巡台日乘〉中的調查記錄，舉行南北投社祭祖儀式的

〔註 77〕溫吉編譯，《臺灣番政志》，台北：省文獻會，1957 年，頁 303～304。

〔註 78〕伊能嘉矩著，楊南郡譯，《臺灣踏查日記》(上)(巡台日乘)，1997 年，頁 186。

〔註 79〕根據《鬮分名次總簿》的紀錄，有分配到查某份土地的共有 6 人，文中指出此六名北投社婦女爲首批移住埔里者，故分配土地以爲獎勵。伊能嘉矩之記錄或許因口述者之記憶有誤，請參閱劉枝萬，《南投縣沿革志開發篇稿》，1958 年，頁 64。

〔註 80〕劉枝萬於其文中亦有引用伊能嘉矩之口傳紀錄，其行文大抵與《臺灣番政志》相同。惟距離之標示，一標爲清里，一標爲華里。請參閱劉枝萬，《南投縣沿革志開發篇稿》，1958 年，頁 32。

時間是在八月十九日到八月二十一日〔註81〕（應指國曆非陰曆）。而舉行儀式之細節則發表於〈臺灣の平埔蕃中に行はれる祭祖の儀式〉〔註82〕。以下根據程士毅之譯文〔註83〕對其祭祖儀式過程作一大略敘述：

南北投社的祭祖儀式時間大致於陰曆七月二十日～七月二十二日的三天內擇一天開始舉行〔註84〕。儀式的過程一共三天或四天時間〔註85〕。首先是祭祖儀式的準備工作。祭祖儀式稱 Mapohan Vakkie，亦即請招祖先之意。儀式的主祭者由社內的未婚少年擔任，人數不定。並以曾在前次鬥走中獲勝的壯丁二名爲正副主祭，另擇以通熟舊例古式的老年男女爲顧問。主祭者必須於祭祀前一天集中到頭人家中，共同在一個房間中飲食起居，並遵守其禁忌，祭祀期間不得回家，亦不許在他人家中出入。

儀式分爲四項：依照其順序舉行，其名稱爲：（1）鬥走（Movai）、（2）祭祖（Tei-vakkai）、（3）打鹿（Murao）、（4）會飲（Manitan）。儀式期間，主祭者穿著古式禮裝，上衣（Riva）白布做成，開襟無袖、長至腰下，衣上有紅條裝飾，下端綴鬚並綴以小鈴。下衣（Pariku）長度由腰至足，由白布做成，並有紅條裝飾，於中央五分之一以上處截分，下端兩截各成爲綁腿。

儀式進行，首先舉行鬥走，於第一天天未明時開始進行，跑步路程約二公里，以北投社各聚落爲點連成線跑一圈，路程約 2 公里。鬥走備有旗標數面以做爲獎勵品〔註86〕。而其規則爲途中不得抄近路或與他人交談。

第二日至靈場祭祖，主祭者先製作供祭之餅，此餅以糯米蒸熟製成鰻魚之形狀。製成之前，必須先到河邊以草灰和水混合洗頭，並用草木葉做成環狀（稱爲 Mavitek）戴於頭上。做成之餅必須先切下頭尾兩段放著，其餘切成

〔註81〕伊能嘉矩著，楊南郡譯，《臺灣踏查日記》（上）（巡台日乘），1997 年，頁 195～197。

〔註82〕伊能嘉矩，〈臺灣の平埔蕃中に行はれる祭祖の儀式〉，《東京人類學會雜誌》卷 17，期 190，1902 年，頁 129～135。

〔註83〕伊能嘉矩著，程士毅譯，〈臺灣の平埔蕃中に行はれる祭祖の儀式〉，《水沙連雜誌》14 期，南投：水沙連雜誌社，1996 年 10 月，頁 13～17。

〔註84〕新年則於陰曆十一月十五日當天舉行。同前註，頁 14。

〔註85〕根據〈巡台日乘〉所載，儀式總共持續三天。然而伊能嘉矩在另外發表〈臺灣の平埔蕃中に行はれる祭祖の儀式〉的論文中，卻是記載儀式舉行四天。究竟誰對誰錯或是翻譯上的問題？仍有待解決。

〔註86〕大小旗標 2 面，大者三清尺，小者二清尺，以及紅布製成數面旗幟。其中大小旗標分給一、二名。至於紅布旗幟之用途則未可知，筆者認爲應當是給其餘參加者亦未可能。

與主祭者同人數之份，每位主祭者必須吃下。然後將槍刃插在竹幹上，上面吊著草籃，將頭尾兩片餅放入，作爲祭槍。下午則到靈場（五港泉）舉行祭祀儀式，其儀式過程入如下：

> 到了靈場之後，正主祭頭先接受各主祭者拿來的茅草，鋪在巨石前面的地上，並將自己手上的芭蕉葉置於其上，然後將副主祭頭攜帶的祭槍拿來，取出草籃內的餅放在葉子上，此時各主祭者背向大樹排成一列，正主祭頭則面向大樹，蹲距在巨石前，口中唱以下的歌詞三次：
>
> Vakkai Vakkai（祖先），Sangu-Sangu（靈魂來吧），Ranga-Zarangan（有山鹿），Vavu-Zarangan（有山豬），Tagrek（旁邊是小鹿）
>
> 唱完之後，一旁的副主祭頭將攜帶的祭槍舉起，以刀刃對著樹根，然後：「HakahuiHakahuiHakahui」（獵物很多的意思）叫三次，同時向樹根刺三槍。此時各主祭者大聲呼喊並快速跑走，決不向後看，祭祖的儀式乃結束。〔註87〕

第三天，天未明時，主祭者們必須先做入山獵鹿時不會受傷之法術。繼而同族壯丁武裝前來集合，由頭目率領狩獵。〔註88〕

第四天，是爲會飲。由各主祭者催促各庄社番參加。中午過後，頭目、老番及社眾聚集到頭目家的前庭爲會飲場所。先圍成圓形相對蹲踞，由正主祭開始舉行儀式，其儀式如下：

> 正主祭頭先拿著竹杯，倒入蕃酒，嘴裡唱著：Vakkai Vakkai（祖先，Man（吃），Itan（酒）。唱三遍，並以酒灑地三次，然後由副主祭頭在竹杯中裝酒遞給頭目，頭目接過來灑在地上，其次依序及於參加宴會的各老番，以及其他的參加者，傳完一圈之後開始飲酒。〔註89〕

酒過三巡後，大家開始手拉手圍成圓圈，由老番歌唱相和，慢慢的牽手搖擺旋轉。其歌詞大意如下：

> 今天諸位長老及兄弟姊妹們，大家聚在一起，共同歡樂，非常高興。
>
> 今天一起吃鹿、或豬、或小鹿、或雞，並喝酒，實在是無上的佳味

〔註87〕伊能嘉矩著，程士毅譯，〈臺灣の平埔蕃中に行はれる祭祖の儀式〉，1996年10月，頁16。

〔註88〕根據〈巡台日乘〉的紀錄，這一天打獵並無所獲。請參閱伊能嘉矩著，楊南郡譯，《臺灣踏查日記》（上）（巡台日乘），1997年，頁197。

〔註89〕同前註，頁17。

珍品。〔註 90〕

會飲直到日落才告結束，而各主祭者必須在第五天時，各自搗米做成扁圓狀的餅，贈送給包括頭目與顧問在內的各老番，完畢後才能各自回到自己的家。

以上爲清末南北投社祭祖儀式之記錄。雖然目前仍沒有文獻可以瞭解北投社於草屯地域時如何舉行祭祖儀式。不過根據〈番俗六考〉中對新年的舉行時間爲二月之記載〔註 91〕，而伊能嘉矩則記爲陰曆十一月十五日來看，顯示之間有很大的轉變。北投社遷移到埔里之後，生活環境與生業型態的轉變，必然對種種儀式造成影響。不過儀式雖然轉變，但在轉變的過程中，儀式的精華仍會保留下來。文獻中的鬥走儀式，顯然對北投社有特殊的重要性。所以即使到了清末仍有舉行。關於鬥走儀式的目的與意義究竟爲何，現在雖然還無法眞正瞭解。但伊能嘉矩之記載仍是讓後人知道北投社在祭祖儀式與鬥走方面如何舉行的珍貴記錄。

南北投社語彙

就一個民族而言，語彙之變遷留存可以反應其生存時代的處境。土田滋曾利用其他族群不同時期的語彙來進行比較，而得到以下的結論：「第一，消失中的語言，語彙保持較久的是數詞、身體各部名稱、親屬稱謂等。而有關自然界的景物、形容詞、代名詞等的語彙卻較容易丟失。動詞用在固定的片語中也會保存下來。第二，消失中的語言，日常生活用語保持較久。例如水、米、飯、地瓜、菜、甘蔗、酒、碗、刀、錢、衣服等」〔註 92〕。伊能嘉矩在蕃語調查中將語彙分成十二項目，分別爲自稱及鄰近部族名、數詞、身體名稱、親族、人倫關係、日、代名詞、自然、形容詞、色彩名稱、味覺感情、短文等〔註 93〕。根據這十二項目，以下共列舉 172 條語彙。並將收錄南北投社之相關語彙置於其中以便與其他部族做比較。筆者根據《伊能嘉矩 蕃語調查手冊》〔註 94〕將之整理成表（請參照附錄一）。

〔註 90〕同前註，頁 17。

〔註 91〕黃叔璥，《臺海使槎錄》，1957 年，頁 115。

〔註 92〕李壬癸，《臺灣原住民史——語言篇》，南投：省文獻會，1999 年，頁 114。

〔註 93〕伊能嘉矩著，森口恒一編，張曦譯，《伊能嘉矩 蕃語調查手冊》，台北：南天，1998 年，頁 4。

〔註 94〕伊能嘉矩著，森口恒一編，張曦譯，《伊能嘉矩 蕃語調查手冊》，台北：南天，1998 年。

南北投社語彙在伊能嘉矩所列的 172 項語彙中〔註 95〕，大約還存在 101 項。與當地埔里地區的其他平埔社群相較而言，南北投社語彙已經嚴重流失，顯示南北投社漢化程度較其他社群爲深。根據表中所列語彙我們可以發現，數詞在南北投社中幾乎消失殆盡，而其他方面則與土田茲所述大抵相符。此外，比對猫羅萬斗六社〔註 96〕與南北投社之語彙，可以發現其語彙大抵相同。顯示猫羅萬斗六社與南北投社之間爲同族關係無誤。然而根據古文書之分析，可以發現猫羅萬斗六社與南北投社之關係顯得較爲疏離。雖然從荷蘭時期可以發現這幾個社有互相來往甚或一同出去覓食〔註 97〕。然而在地域的觀念上，猫羅萬斗六社與北投社之間涇渭分明，不似南北投社之社域有相重疊的現象〔註 98〕（請參見後文）。

〔註 95〕除了伊能嘉矩所調查的南北投社語彙外，其他學者亦有一些零星的紀錄，如小川尚義在其文中有提到北投社、萬斗六社對於錢的語彙爲 Numaji 與 Lumaji。請參見小川尚義，〈蕃語文書片斷〉，收錄於黃秀敏譯，李壬癸編審，《台灣南島語言研究論文日文中譯彙編》，台東：史前博物館，1993 年 6 月，頁 199。

〔註 96〕請參閱伊能嘉矩著，楊南郡譯，《臺灣踏查日記》（上）（巡台日乘），1997 年，頁 185。

〔註 97〕康培德，〈荷蘭時代大肚王的統治與拍瀑拉族族群關係再思考〉，2003 年 3 月 29 日，頁 4。

〔註 98〕此外，從學者的研究中，我們可以更深入看到北投社與鄰近南投社、猫羅萬斗六社之關連。林欣怡在其論文中提出一個「投捒」社群的一個概念。林欣怡以爲「投捒」是一個社群的總稱，指荷蘭時期至清朝初期曾經居住在烏溪附近的平埔族村社。而南、北投社應是「投捒」社群系統下的分社所在。換句話說，「投捒」一詞代表著後來所稱的「Arikun」。而在這個社群系統之下，南北投社何爲大小社的爭議似乎不是那麼重要，因爲其皆爲「投捒」社群系統之下的分社，只是其後續發展不同而有其勢力之消長之區別。林欣怡所指「投捒」社群系統的這樣一個概念，基本上是可以爲筆者所接受的，然而在細論 Arikun 社群的各社時。我們可以從荷蘭户口表中的記錄發現到一個事情，亦即 Arikun 社群下可能又分兩種不同的血緣群落。一個可以稱之爲 Tausa 小社群，一個可以稱爲 Kakar 小社群。而從血緣系統來看，南北投社跟「投捒」社顯然關係較猫羅萬斗六社接近的多。這似乎也可以印證前文提到南北投社之關係較猫羅萬斗六社之關係來得密切的原因。

荷蘭時期 Arikun 社群相關村落户口表 人口/户數

血緣社群	村落名	中村孝志	1647	1648	1650	1654	1655	1656
Tausa	Tausabato	Tosack 舊稱	66/16	63/12	57/13	37/12	46（49）/11	70/19

第四節　結語——北投社歷史圖像復原的相關問題

從目前所出土的資料來看，能否完整重建北投社歷史圖像仍是一個大問題。大體而言，我們可以從文獻中得知北投社可能生業型態、住屋形式、服飾、器具、婚姻、喪葬儀式、祭祖儀式等種種概況。然而這些描述，基本上是屬於表面性的〔註 99〕。從清代文獻的記載來看，對於番俗的記載大概不脫離誌異的觀點，亦即從漢人以其特異文化（非漢文化）的角度來從事記載。基本上，這些記載確實可以瞭解番社生活，但並非全面。我們可以舉以下幾個例子來做說明：

就文化獨特性而言，一個文化因其生態調適的不同，將會依照不同路線而發展，而非依照一普同的階段進行。換句話說，北投社存在於草屯地區，必然因當地的自然生態及地理環境的調適，而產生自己獨特的精神或生活文化。而這獨特的精神或生活文化，會隨著居住此一地區時間長短而發生特化的深淺。從人類學家對原始民族之研究，可以發現原始民族行爲，往往蘊含某種意識。然而這種意識，難以從文獻記載中發覺。

以生業型態來看，文獻中所見北投社似乎爲一落後原始農耕部落。但事實上，從現今的原住民研究中可以發現，每個原始社會都有相當豐富的知識，這些知識是以經驗爲基礎，經由理性而形成的。利用這些經驗發展出各種有關漁獵、栽種和覓食的方法。而這些經驗並非毫無根據，山田燒墾看起來似

	Tausa Talakey	南投	149/59	265/75	271/73	275/76	284/77	253/61
	Tausa Mato	北投	189/63	197/64	194/61	183/56	187/55	155/44
Kakar	Kakar sackaley		159/25	164/24	160/33	151/32	147/32	160/35
	Kakar Tachabouw		64/17	64/17				
	Kakar baroch	貓羅社	112/33	147/31	148/39	187/41	186/43	191/41

資料來源：請參閱中村孝志、許賢瑤譯，〈荷蘭統治下位於台灣中西部的 Quataong 村落〉，《台灣風物》43 卷 4 期，1993 年 12 月，頁 225。中村孝志、許賢瑤譯，〈荷蘭時代的台灣番社戶口表〉，《台灣風物》44 卷 1 期，1994 年 3 月，頁 221。請參見林欣怡，《清代臺灣漢人社會的建立——以南投平林溪流域爲例》，2000 年，頁 13。

〔註 99〕清代文獻之記載，一般是表面的，以敘述爲主體。對其行爲及文化之論述，亦是以漢人觀點來加以批評。現今人類學者對某項儀式作潛意識的分析在清文獻中是看不到的。

乎粗糙，但從其他相關人類學紀錄發現，其必然有其一套精密的作法並配合儀式的進行。

從宗教儀式來看，儀式舉行的目的；一方面在於追求不安定中的穩定力量（精神上的），一方面則以繁殖和食物爲主要需求（實質上的）。我們可以發現，糧食的祭儀充分表現在土著民族的生活祭儀當中。雖然從文獻中無法得知北投社收穫祭之情形，但從北投社的祭祖儀式來看，我們也可以看到其對於追求安定與食物豐足的慾望。

原始民族常以虔誠敬畏的態度，遵行一些與超自然有關的儀式活動，並遵守各種禁忌和規範。從北投社對於祭祖儀式之舉行，亦可看到一些必須遵行的禁忌和規範。例如主祭的少年在祭祀期間不得回家，亦不許在他人家中出入，這是屬於禁忌的一部份。而對於儀式的舉行有其必須遵守的規範，不能隨意更改，例如出獵前必須先做護身的儀式。但對於其中的細節，如禁忌的探討以及爲何產生這樣的禁忌？這樣的規範？我們無法從文獻中看出。

雖然文獻記載無法得知上述結果，但是仍有其補救的辦法；如果有更多文獻資料的出土，再透過相關學科的幫助，利用現有的研究成果及相關理論來進行分析，其結果仍是可行的。也唯有如此，才能得以深入文獻記載的表層之下，進而復原出較爲眞實而連續的生活圖像。歷史是無限地想像，運用想像與史料，可望在未來重建北投社歷史圖像。

附圖七　南北投社開基所在地（五港泉）

被視爲南北投社開基所在的茄苳樹（五港泉），主祭儀式在此舉行。（2003.12.13 拍攝）

附圖八　開基靈地碑記

五港泉茄苳樹下所立之洪安雅族開基靈地碑記，左邊爲祭祀時所用之大石，從伊能嘉矩調查時到現今仍存在。（2003.12.13 拍攝）

附圖九　洪雅族現代新年儀式之進行（仿古禮）

現代仿古禮之儀式進行，現在儀式之進行，主要依據伊能氏當時所記載細節進行。右下角之祭品爲用糯米做成之鰻魚。（2003.12.13 拍攝）

附圖十　現代鬥走儀式之進行（埔里地區）

現代「鬥走」儀式之進行，上方可看見紅色及桃紅色之錦旗。（2003.12.13 拍攝）

附圖十一　現代鬥走儀式後之頒禮

鬥走儀式結束，頒發錦旗及豬肉給優勝者，竹竿上可見懸掛豬肉。（2003.12.13 拍攝）

第三章　北投社社址及社域變遷

本章主要探討北投社社址及社域變遷。主要討論幾個主題：第一，進入清代後北投社社址的變遷情形。第二，北投社域的重建，配合相關鄰近各社社域的重建，我們可以更清楚瞭解到北投社社域分佈概況以及與鄰近各社關連性爲何。第三，北投社域的變遷情形，隨著漢人的進入，北投社域面臨不斷的改變。然而在變遷的過程中，北投社域亦因官方系統的介入而曾擴大。此外，在社域變遷的同時，它還面臨著實質社域上的西退與東移。筆者在本章主要利用古文書及近人研究成果來討論上述問題。

在探討北投社社域範圍前，必須先對社域一詞做一個界定。社域指涉範圍，可大可小。小者指部落現居地，大者可指社民所能抵達之地。石文誠在對社域做探討時，曾引用張素玢跟邵士伯（John Shepherd）的概念來做說明〔註1〕：張素玢對社域的界定是指一個社群的經濟與社會空間，社民可自由耕種游獵其中。而邵士伯（John Shepherd）則將平埔族的生活領域，以同心圓的概念作一個陳述。亦即以村落爲中心，向外做一同心圓式的分佈，往外依序是村落耕地、漁獵採集地，最外一圈爲與其他部落共用之狩獵地、荒地或爲鄰近村社所有地。張素玢的詮釋基本上是屬於一個廣義的社域概念，我們不能理解一個社群到底所具有的活動範圍有多大？其間的經濟生產活動如何分配？而邵士伯則在這個基礎上指出其經濟生產活動的可能分佈模式。然而邵氏的概念雖然極其理想，但考慮到現實環境的種種因素，顯然無法如邵氏所陳述的概念一般。最明顯的例子，即是北投社與猫羅社社址之間只隔著一條

〔註1〕石文誠，〈清代拍瀑拉（Papora）社群社址與社域範圍之探討〉，《臺灣風物》51卷3期，台北：臺灣風物，2000年9月，頁114～115。

猫羅溪，相距不到 2 公里遠。所以兩社之間的發展是各自以此溪為界分向發展，所造成的分佈模式絕非同心圓的方式。

本文所探討的社域，主要指一個部落所能直接控制的領域範圍，亦即曾出現在買賣契約中而有直接產權關係的〔註 2〕。但是針對這點則必須說明的是利用土地產權來界定社域範圍有其時空的限制。下文利用古文書所求得的社域，依筆者目前的理解，只能算是北投社於清代時期所曾經擁有最大的社域範圍。至於因時空變化而產生的社域改變，請見下文探討。

第一節　社址變遷

北投社社址所在何處？依據目前的研究指出，北投社至少在草屯地區居住過兩個地方。一個在現今地名為「番社內」之地，一為「大埔洋」之地，或者更細緻的地點有可能是在今天的「北投埔」之地〔註 3〕。其中「番社內」應當是北投社的「新社」，而「北投埔」則是舊社所在地〔註 4〕。北投社遷移到「番社內」的原因目前無法得知，但考量漢人進入開發時間早晚，應當可以排除漢人進入干擾導致遷移之因素。而遷移的時間，從學者的研究推論，北投社從舊社遷到新社的時間可能最晚不超過雍正十三年，最早可能早到康熙二十年以前〔註 5〕。從新舊兩社的相關研究中可以知道幾件事情：

第一，從實際的田野觀察中，可以知道兩社址之間的距離非常相近（不到 2 公里），顯示部落在自然遷移的過程中，每次的行程不會距離太遠。而且根據北投社對於土地利用方式以農耕為主，所以可以推論早期北投社遷移居

〔註 2〕一般而言，一個社域的底定，不單是部落本身的認定，同時也必須得到「外人」的認可。這「外人」包含鄰近各部落對其邊界的共同認定，也包含漢人在入墾此塊土地時找誰從事契約簽訂有關。對各部落而言，邊界的認定隨著種種因素而產生變動，可能和勢力消長、部落結盟、生活環境改變、部落戰爭甚至部落遷移等等有關。然而，要研究一個已不在原居地很久的部落而言，如何從其口中得知其領域之原始分佈狀況？因為如此，古文書由於它的保存性而使得後世學者在研究社域時成為最主要的依據所在。

〔註 3〕陳哲三，〈古文書對草屯地區歷史研究之貢獻〉，收錄於《逢甲人文社會學報》第五期，2002 年 11 月，頁 114。

〔註 4〕羅美娥在其論文中提到北投社至少有二個舊社存在，一個在「大埔洋」，一個在「南勢仔」。請參閱羅美娥，〈從契約文書看洪雅族北投社的土地流失問題〉，2000 年 9 月，論文未發表，頁 2。

〔註 5〕陳哲三，〈古文書對草屯地區歷史研究之貢獻〉，收錄於《逢甲人文社會學報》第五期，2002 年 11 月，頁 114。

住地點大抵以烏溪沖積扇平原為主。

第二，從史料的記載中，可以知道北投舊社後來成為北投社「舊社公共草地」〔註6〕。顯示一個部落在遷移後原社址的使用方式，正如清代文獻中所載：「番社歲久或以為不利，則更擇地而立新社以居。……先時，舊社多棄置為穢墟，近則以鬻之漢人。」〔註7〕到了雍正初年，北投社對於舊社處理方式可能還是依據以往的習慣直接廢棄不用而成為荒埔地。這樣的情形一直到了簡經贌耕此地，其土地才又重新被開發利用。而後來的「番社內」新社土地則是後來陸續為漢人用買賣方式取得。

從文獻記載來看，北投社遷到「番社內」之後，似乎就再也沒有境內遷徙的紀錄，到了道光年間便直接到了埔里發展。然而這樣似乎有其問題存在？從漢人開發的歷程來看，在乾隆、嘉慶年間，「番社內」周圍已有許多漢人聚落出現，顯示北投社之生存環境其實已經面臨到阻力，更由於社址周圍土地幾乎為漢人所擁有。而番大租收入不足以提供生存所需。所以北投社番應當不會在此繼續定居生存，而應該有遷移的可能性。筆者以為北投社可能至遲在嘉慶年間已有部分社番遷移到內木柵一帶定居並從事開墾農耕的工作。

筆者作如此推論，主要是因為在古文書中記載著可能的訊息：

一、「立典契字」〔註8〕

立典契字內木柵番淡八、淡猫六兄弟等有承祖父遺下應份田壹小段土名座落青牛埔梏苓埔東至石崙為界西至洪家田為界南至金大代田為界北至泉買奕田為界四至界址明白併帶水分長流灌溉今因欠銀費用兄弟相議欲將此田出典先問盡番親人等不能承典外托中引就與漢人林媽壽觀出首承典當日三面言議典出時價銀伍拾伍大員正銀即日仝中交收足訖其田隨即踏明付銀主前去起耕掌管別行招佃耕作抽租不敢異言阻當其銀無利粟田無租稅其田自嘉慶十年穗季起約自嘉慶貳拾捌年晚季止約至拾捌年為滿聽八等備齊典字內銀清還取出典字銀主不得刁難如限滿之日無銀可清還即將承典之田仍付銀主掌管抽

〔註6〕請參閱《臺案彙錄己集》，1997年，頁215～216。
〔註7〕周鍾瑄，《諸羅縣志》，1962年，頁174。
〔註8〕謝嘉梁，《草屯地區古文書專輯》，1999年，頁240。

租不敢異言生端情弊保此田的係八兄弟等承祖父應份物業與番親人等無干亦無重張典掛他人及上手交加來歷不明等情如有不明八等一力抵當不甘銀主之事此係二比甘愿各無反悔恐口無憑立典契字壹紙付執永遠存炤

即日仝中收過典字內佛銀伍拾伍大員正完足再炤

代筆人　唐春芳

為中人　周士欽

知見番　南大武力

嘉慶拾年伍月　　日立典契字人番　淡八仔、猫六

在場堂兄　大武力

再批明此田係八・□父親仝番親仝買物業上手係南大武力收存難以分析批明再炤

二、「立永耕埔園契」〔註9〕

立永耕埔園契北投社內木柵番潘八有承祖遺下埔園壹所坐址土名在內木柵崙仔頂此埔園東至轄八園界西至巫秋八南至崁北至崁東西四至界址俱各明白今因乏銀創置先盡問內外番親等不欲承受外托中引就問到與漢人蕭光夜觀出首承耕當日三面言定時值出價銀肆大員其銀契即日仝中兩相交收足訖其埔園隨即踏明界址交付與銀主前去永耕為業逐年配納大租粟參斗正其日後不敢異言生端滋事保此埔園係八承祖遺下物業與別親等無干亦無重張典掛他人財物以及來歷交加不明等情如有不明等情係八出首一力抵當不干銀主之事此係二比干愿各無抑勒反悔恐口無憑今欲有憑立永耕埔園字壹紙永遠付執為炤

即日仝中實收過永耕契內佛面銀肆大員正完足再炤

為中併代書白汝本

知見母親吳阿祿

嘉慶拾玖年玖月　　日立永耕內木柵社番潘八

〔註9〕謝嘉梁，《草屯地區古文書專輯》，1999年，頁192。另外有同一份文書由漢人持得者，請參閱同書頁274。

三、「立洗找園契字」〔註10〕

立洗找園契字人張助玆因胞叔薛貴先年自置明買內木柵社番埔園壹坵於嘉慶拾玖年十二月間胞叔自己將埔園壹坵出賣與蔡俊官玆因嘉慶貳拾年五月間胞叔薛貴不幸身死並無親子亦無嗣子收埋助係是貴胞姪拖中向與蔡俊官洗找園價銀參大員正置買棺槨□□銀即日仝中交收足訖保此園係胞叔薛貴自置園坵與別房人等無干助係胞姪餘者並無族親助出首洗找後日子孫永不敢言贖再洗找之理亦不敢異言滋生事端一找千休日後若有別房親人假借胞叔之子姪出首言贖言找增添契尾助出首抵當支理明白不干買主之事此係二比仁義交關各無抑勒反悔諸恐口無憑立洗找字壹紙送執爲炤

即日□收過找字內佛銀三大元正完足再炤

爲中人　李養

代筆人　戴永□

嘉慶貳拾年五月　　日立洗找園契字人胞姪張助

上面三件文書皆稱賣主爲內木柵番，由於嘉慶十九年的古文書有「北投社番業主潘八戳記」，所以我們可以確認潘八爲北投社番無誤。但在文書中卻被稱爲內木柵社番，爲何？從對原住民族的研究中可以知道，原住民遷移到別處之後，其社名稱呼會因居住地而產生改變。而在這三份文書中所顯示的資訊，即可能表示當時已有一部份北投社番遷移到內木柵並形成一聚落，因此被稱爲內木柵社番。換句話說，我們可以初步推論北投社從清初開始至少在草屯地域遷移了三個地方，第一個是北投埔，第二個是「番社內」，第三個是內木柵地區。前面二次遷社屬於自然遷移性質，而第三次遷移則跟漢人入墾北投社域以及實施番屯制有密切關係。不過關於北投社番究竟遷移到內木柵的何處？由於出土古文書不多，目前仍無法得知。但從古文書中可以知道內木柵地區一直到清光緒初年都還有北投社的直接產權〔註11〕。顯示內木柵

〔註10〕謝嘉梁，《草屯地區古文書專輯》，1999年，頁242。

〔註11〕立賣盡根埔園契字人李火弄有鬮分應份埔園壹段坐落內木柵土名大墩腳冬至大屈底水溝爲界西至橫路爲界南至大巴連園爲界北至巫鰷魚園爲界四至界址明白今因乏銀應用先盡問至親人等俱各不歡承受外拖中引就向與族兄安睢出手承買時當日仝中三面言定時值價 銀壹佰壹拾大元平重柒拾柒兩正其銀契即日仝中兩相交收足訖……

光緒拾伍年□月　日立賣盡根埔園契字人李火弄

地區或許到這時期都還有北投社人定居在此。

此外，需注意的是北投社番並非全部遷移到內木柵一帶居住。在北投社番遷移到內木柵的同時，亦有一部份社番跟著岸裡社群的領導而移墾宜蘭平原，而且人數不少（請參見後文）。所以就遷社的情形而言，遷移內木柵是否可以算是遷社也是一個問題，因為並非舉社遷移，甚至有分社的情形〔註12〕。而到了內木柵一帶居住時，是否還是維持社番聚居或是有跟漢人混居的情形？由於目前資料不足還無法論定。

第二節　社域建構與土地利用模式

從文獻資料上，我們試圖建立北投社在歷史時代上所處的地理位置。近年來有賴於當地文史工作者以及專家學者們的研究，北投社域大致已經出現輪廓。依據前人的研究成果：《台灣省通志》指出北投社位於南投縣草屯鎮北投里〔註13〕（指社址所在）。洪敏麟指出北投社所轄範圍可能包含今天南投縣草屯鎮全境〔註14〕。近年，羅美娥則以自然地理空間的概念指出北投社大致分佈在「西起八卦臺地東南斜坡面，東至南投丘陵，北界烏溪，南瀕貓羅溪」〔註15〕這樣的空間當中。陳哲三則根據古文書推論北投社社域範圍除草屯鎮一帶外還包括南投市一帶區域〔註16〕。

一、社域重建

關於北投社社域範圍是否如同前人所述。筆者利用目前所能找到的古文書再次進行整理比對的工作。古文書以其中載明有納番大租者，以及直接是由北投社番簽訂契約者為有效契字。依據這兩項條件，筆者整理出約 158 筆有效樣本，其中將土名重複者扣除。可得下面契字中記載地名整理如下：

從以上文書中，可看出其四至田主中仍有北投社人，顯示此時仍有北投社之直接產權。請參考謝嘉梁，《草屯地區古文書專輯》，1999 年，頁 254、258。

〔註12〕因移墾宜蘭平原而出走的北投社番，由於人數頗多，而且為舉家遷移。這樣的情形似乎可算是分社的一種。

〔註13〕洪敏麟等，《台灣省通志》卷八同胄志第一冊，1972 年，頁 20。

〔註14〕洪敏麟，《草屯鎮誌》，1986 年，頁 164。

〔註15〕羅美娥，〈從契約文書看洪雅族北投社的土地流失問題〉，未發表，2000 年 9 月，頁 2。

〔註16〕陳哲三，〈草屯地區清代的拓墾與漢番互動〉，收錄於《臺灣歷史與文化》第二冊：台北，稻鄉，2000 年 2 月，頁 47。

表七　契字中北投社社域相關地名一覽表

<table>
<tr><th colspan="2">座落土名（依筆畫）</th><th>現今的地名</th></tr>
<tr><td colspan="2">中心林</td><td>可能在今草屯鎮石川里一帶，待查？</td></tr>
<tr><td rowspan="2">大好（哮）山腳</td><td>庄後、庄頭內灣</td><td>今草屯鎮山腳里一帶</td></tr>
<tr><td>舊廍前下庄</td><td>今南投市營北里下庄</td></tr>
<tr><td colspan="2">大哮庄凹仔埔東北隅</td><td>今南投市內新里一帶</td></tr>
<tr><td colspan="2">大哮下庄仔洋</td><td>今南投市營北里下庄一帶</td></tr>
<tr><td colspan="2">大坪頂七股庄</td><td>今草屯鎮坪頂里七股</td></tr>
<tr><td colspan="2">大埔洋南勢庄前</td><td>今草屯鎮敦和里一帶</td></tr>
<tr><td colspan="2">三條圳庄尾大埔洋</td><td>今草屯鎮新庄里一帶</td></tr>
<tr><td rowspan="12">內木柵</td><td>三叢北勢竹刺蔥溝</td><td>今草屯鎮富寮里三抱竹</td></tr>
<tr><td>大埔</td><td rowspan="2">待查？</td></tr>
<tr><td>大埔南北埒</td></tr>
<tr><td>中埔</td><td rowspan="2">大約在屯園、大埤頂、雞柔崎頭、頂崁庄一帶範圍內（請參閱附錄二）</td></tr>
<tr><td>中埔刺桐腳</td></tr>
<tr><td>大墩腳</td><td rowspan="3">今草屯鎮南埔里一帶</td></tr>
<tr><td>南埔</td></tr>
<tr><td>阿法墓</td></tr>
<tr><td>界外屯埔</td><td>今草屯鎮土城里土城一帶</td></tr>
<tr><td>崁仔頂</td><td>今草屯鎮中原里一帶</td></tr>
<tr><td>隘寮崁腳</td><td rowspan="2">今草屯鎮富寮里一帶</td></tr>
<tr><td>隘寮腳北勢溝墘</td></tr>
<tr><td colspan="2">牛屎崎腳</td><td>今草屯鎮御史里牛屎崎</td></tr>
<tr><td rowspan="2">北投庄</td><td>大埔洋</td><td>大致包括今天的北投埔、草鞋墩、林仔頭等聚落中間區域（請參閱附錄二）</td></tr>
<tr><td>南勢</td><td>今草屯鎮敦和里</td></tr>
<tr><td colspan="2">北投社</td><td>今草屯鎮北投里番社內</td></tr>
<tr><td rowspan="2">北勢湳</td><td>溪底苦苓腳</td><td>今草屯鎮北勢里一帶</td></tr>
<tr><td>大埤頂、大碑腳</td><td>今草屯鎮土城里大埤一帶</td></tr>
<tr><td colspan="2">石頭埔</td><td>今草屯鎮石川里一帶</td></tr>
</table>

<table>
<tr><td colspan="2">圳寮庄、下圳寮</td><td rowspan="2">今草屯鎮明正里一帶</td></tr>
<tr><td colspan="2">圳寮背溪北</td></tr>
<tr><td colspan="2">圳頭坑</td><td>似爲草屯鎮平林里圳頭，待查？</td></tr>
<tr><td colspan="2">坪頂竹仔城庄番仔林</td><td>今草屯鎮坪頂里竹圍一帶</td></tr>
<tr><td colspan="2">南埔庄溪仔底</td><td>今草屯鎮南埔里一帶</td></tr>
<tr><td colspan="2">南勢盡（舊）社林</td><td>待查？</td></tr>
<tr><td rowspan="2">茄荖山腳</td><td>桃仔園</td><td rowspan="2">似爲今草屯鎮御史里一帶，待查？</td></tr>
<tr><td>水井崎腳</td></tr>
<tr><td colspan="2">北勢尾</td><td>待查？</td></tr>
<tr><td colspan="2">草鞋墩</td><td>今草屯鎮炎峰、玉峰、中山、和平、中正、敦和等里</td></tr>
<tr><td colspan="2">匏仔寮</td><td>今草屯鎮富寮里一帶</td></tr>
<tr><td colspan="2">崎仔頭庄前大埔洋</td><td>今草屯鎮敦和里崎仔頭一帶</td></tr>
<tr><td colspan="2">頂崁庄崙仔頂</td><td>今草屯鎮中原里頂崁一帶</td></tr>
<tr><td colspan="2">新庄南勢</td><td>今草屯鎮敦和里南勢仔</td></tr>
<tr><td colspan="2">溪洲仔庄、崁頂</td><td>似爲今草屯鎮碧峰里，待查？</td></tr>
<tr><td colspan="2">溪洲尾舊廍後</td><td>今草屯鎮石川里溪洲仔尾一帶</td></tr>
<tr><td colspan="2">萬寶莊</td><td>今草屯鎮新庄里新庄</td></tr>
<tr><td colspan="2">林仔庄牛埔仔</td><td>今南投市新興里與永豐里</td></tr>
<tr><td colspan="2">內轆庄</td><td>今南投市內新里及內興里</td></tr>
<tr><td colspan="2">內轆溪頭眉仔陀公山</td><td>今中寮鄉眉仔陀一帶</td></tr>
<tr><td colspan="2">苦苓腳庄前營盤口</td><td>今南投市營北、營南、光華、光榮等里</td></tr>
<tr><td colspan="2">南投菓品洋</td><td>今南投市平和里一帶</td></tr>
<tr><td colspan="2">南投街</td><td>今南投市龍泉、康壽、三民、仁和、南投、彰仁、崇文等里</td></tr>
</table>

【資料來源】謝嘉梁，《草屯地區古文書專輯》，1999、林美容，《草屯鎮鄉土社會史資料》1990、《清代臺灣大租調查書》，1963、《郭雙富收藏文書》、《台史所收藏古文書》、洪敏麟，《草屯鎮誌》，1986、洪敏麟，《臺灣舊地名沿革（二）》，1983、陳玉釧《發現草鞋墩》，2002、陳哲三，〈古文書對草屯地區歷史研究之貢獻〉，2002、簡振榮等，《南投市志》，2002。詳細資料請參閱附錄二及參考書目。

上面列表除有些土名目前仍無法得知其位於何處外。大抵根據以上列表，再輔以地圖上舊地名有關「番」字紀錄，以及其他相關文獻方志記載。大約可以知道今天的草屯鎮除了茄荖里（土名頂茄荖）、新豐里（土名番仔田）〔註 17〕、平林里〔註 18〕、雙冬里等地沒有所謂的番契或番大租的存在外，其餘皆屬北投社社域範圍。此外今天南投市的新興里與永豐里（土名林仔庄），內新里及內興里（土名內轆庄），營北、營南、光華、光榮等里（土名營盤口），平和里（土名菓品洋），龍泉、康壽、三民、仁和、南投、彰仁、崇文（土名南投街）以及中寮鄉眉仔陀一帶亦皆屬北投社領域範圍。從行政區劃來看，北投社社域大抵包含今天的草屯鎮、南投市、中寮鄉之一部分。從自然地理環境來看，北投社社域東至今土城平原與烏溪溪谷區之交界地，西至八卦台地東麓邊緣，南抵猫羅溪與平林溪交界處，北至烏溪爲界。根據上述再經過初步比較可以發現，北投社域似乎較先前諸位學者所提範圍來的大些。

關於北投社社域的界定，還需得知鄰近社群之社域分佈來求得北投社社域的更精確範圍。首先探討南投社社址及社域範圍。

〔註 17〕其中頂茄荖、番仔田等兩處雖在《草屯鎮誌》中分別被記載爲北投社埔地、北投社習種水田之處。然而目前就古文書的收集整理來看，尚未發現到北投社相關紀錄。且有學者指出此兩地極有可能爲猫羅萬斗六社社域範圍。同時，洪敏麟雖在《草屯鎮誌》中指出此兩地分別爲北投社埔地與北投社習種水田之處。但在《臺灣舊地名之沿革（二）》中亦有提到猫羅社在雍正、乾隆年間因洪姓漢人入墾茄荖地區，而使得猫羅社遷居番仔田、北投等地。如果記載無誤，則茄荖地區（分頂、下茄荖）與番仔田地方則有可能爲北投社與猫羅社所互相擁有，此區可能爲猫羅萬斗六社與北投社域之邊緣地帶。請參閱洪敏麟，《臺灣舊地名之沿革（二）》，頁 307。

〔註 18〕在地圖上有圳頭之地名位於平林里，然是否爲古文書上所指圳頭坑有待進一步調查。

附圖十二　古文書中北投社相關座落

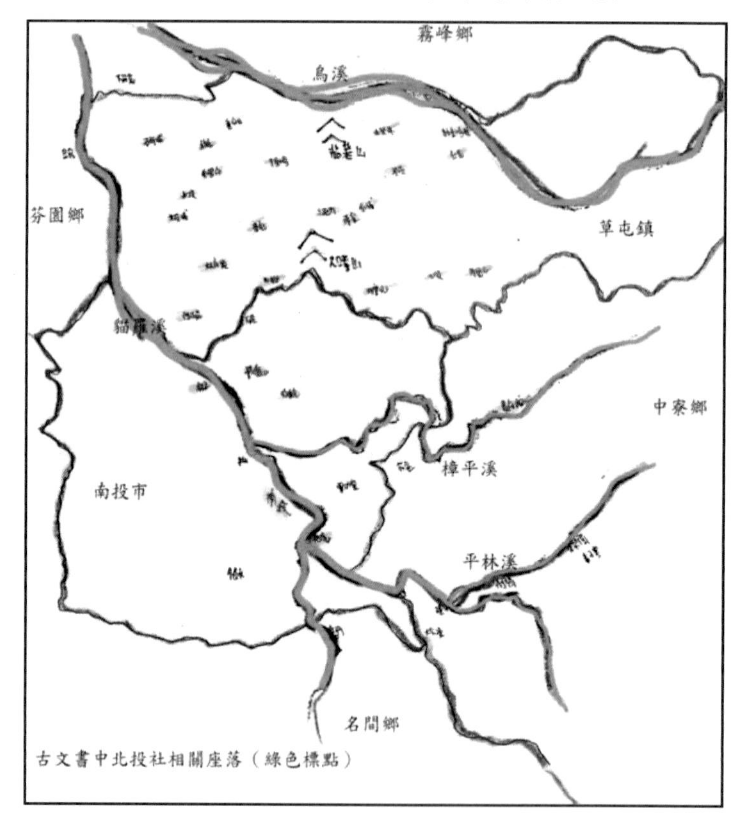

古文書中北投社相關座落（綠色標點）

南投社社址與社域的重建

目前一般認爲南投社址位於今南投市崇文里南投中學教職員宿舍及南投國小附近（舊地名番社）〔註 19〕。其社址遷移狀況未明，然而南投社似乎根據其居住地而曾經有不同稱呼，如南投縣名間鄉萬丹地區之南投社番被稱爲萬丹番即是一例〔註 20〕。依據林欣怡對南投社域的界定：以貓羅溪與北投社爲界，東到今天中寮鄉的倒樟、公館崙（今廣福村內），西到八卦山東麓，南到今天的名間鄉濁水以北，北到半山一帶〔註 21〕。王育傑則指出南投社領域，除了在南投市市區、包尾、三和里一帶外，尚包括中興新村省訓團山路一帶，

〔註 19〕請參照洪敏麟，《臺灣舊地名沿革（二）》，1984 年，頁 432。以及林欣怡，《清代臺灣漢人社會的建立——以南投平林溪流域爲例》，2000 年，頁 17。

〔註 20〕請參照洪敏麟，《臺灣舊地名沿革（二）》，1984 年，頁 469。

〔註 21〕請參照林欣怡，《清代臺灣漢人社會的建立——以南投平林溪流域爲例》，2000 年，頁 17。

中寮鄉平林溪沿岸的韃仔灣、倒樟，名間鄉萬丹、番仔寮、虎仔坑等地。主要在貓羅溪以南，沿包尾山麓至番仔寮一帶〔註 22〕。除了參考以上兩位學者之研究，我們重新再找出南投社之相關古文書座落做成下表：

表八　契字中南投社社域相關地名一覽表

座落土名		現今的地名
臘塞頭庄		約在今萬丹村，土名南勢坑或貓霧霜的附近
虎子坑	樹仔腳	今名間鄉東湖村內的小字名
	土牛園	
半山莊		今南投市的平山里
草崙		今中寮鄉小字名二重溪附近
永平坑荒埔之公館崙、倒樟、番子寮園		今中寮鄉的廣福村內的小字名
土牛、土牛尾		今名間鄉仁和村內
萬丹坑		今名間鄉的萬丹村
牛食水		今南投市內南雲醫院附近
花盆		今中寮鄉永和村
軍功寮莊		今南投市軍功寮
北投保牛路頭洋〔註 23〕		待查
社後山苦奴寮埔園		待查
踢仔灣（東至倒樟，西至大扛棟山，南至冷水坑〔註 24〕，北至東勢閣坑口）		今中寮鄉永福村撻仔灣
菓稟洋崩崁		今南投市包尾一帶
柑宅庄		待查？
半山莊後，土名柑仔坑		待查？
番仔寮洋土牛		今南投縣名間鄉東湖、仁和、萬丹等村一帶

【資料來源】林欣怡，《清代臺灣漢人社會的建立——以南投平林溪流域為例》，2000，頁 17。《清代臺灣大租調查書》，1984，頁 357～358、398～399、429～430、475～476、762、811～812。《台灣公私藏古文書》三輯五冊、三輯十一冊、十輯一冊、十輯五冊。《臺灣私法物權篇》，1963，頁 1082～1084。

〔註 22〕請參閱王育傑，《清代平埔族與漢人土地轉移關係之研究》，1987 年，頁 111。

〔註 23〕請參照《清代臺灣大租調查書》，1994 年，頁 812。

〔註 24〕再批明：南至冷水坑、濁水坑、雙坑、崩埤坑等處為界。請參照《清代臺灣大租調查書》，1994 年，頁 430。

根據上表所列之座落土名，從行政區劃來看，南投社域橫跨今天的南投市、中寮鄉、名間鄉。而更詳細的範圍大抵東至今天南投縣中寮鄉的東勢閣一帶，西至南投市八卦台地東麓邊緣，南至南投縣名間鄉虎仔坑，北大抵以猫羅溪與樟平溪爲界。根據此結果，再初步比對林欣怡與王育傑對南投社域之界定。可以發現除了濁水一帶不確定爲南投社域外，其餘跟林欣怡與王育傑等所述大致相同。而表中較爲可議的是南投社曾有北投保牛路頭洋的大租尾十石四斗，顯示南投社曾經掌握此區土地權，然而因無法查出此區究竟位於何處，故無法納入南投社域範圍內。但可判定此區應當是北投社域內範圍，顯示兩者關係密切。

附圖十三　古文書中南投社相關座落

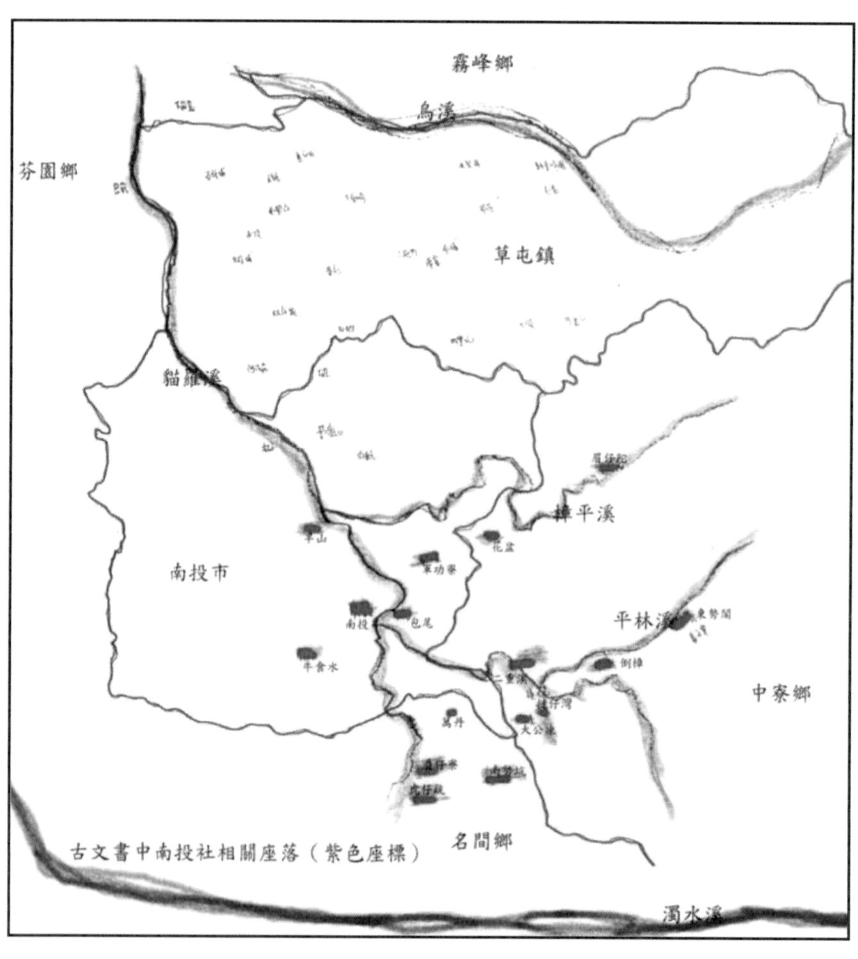

猫羅萬斗六社社址及社域的重建

關於猫羅萬斗六社社域範圍，目前研究無多。其社址分佈目前可知者大約有三處，其中從清乾隆年間的《台灣輿圖》中可以看到在彰化縣芬園鄉一帶有猫羅新社與猫羅舊社。而從現今芬園鄉行政區劃與《台灣輿圖》相比對，大抵可以辨別今芬園鄉舊社村爲猫羅舊社所在地，而芬園鄉社口村則可能爲猫羅新社所在地。嘉慶年間，猫羅社則有可能因地震關係而遷移到萬斗六一帶居住〔註 25〕。其後於文獻上之記載，常出現猫羅社、猫羅萬斗六社〔註 26〕或萬斗六社之稱呼。

關於猫羅萬斗六社社域範圍，目前尚未見有學者專文討論。根據《霧峰鄉志》說法，猫羅社域大抵包含丁臺、萬斗六、下茄荖等地〔註 27〕。這裡我們根據目前所能找到相關古文書做成下表：

表九　契字中猫羅萬斗六社社域相關地名一覽表

座落土名	現今的地名
登臺	今台中縣霧峰鄉丁臺、南勢、北勢等村
萬斗六	今台中縣霧峰鄉萬豐、舊正、峰谷、六股等村一帶
下茄荖莊	今彰化縣芬園鄉茄荖、嘉興二村
樹湳莊	今台中縣霧峰鄉北柳、南柳二村
竹興坑	今彰化縣芬園鄉舊社村竹興坑
哩洋	待查？

〔註 25〕根據嘉慶九年簽訂「立總借約字」記載，嘉慶初年發生一場地震導致「社中草房、瓦屋盡皆倒壞，眾番棲身無處。」地震規模頗大，或許影響到此文書稍後所提到如嘉慶七年滿後，猫羅社通事提到「底歲維艱，糧食缺乏，且通社有急切公事，不得已，再向鄭士模借出番銀……」《清代臺灣大租調查書》，1994 年，頁 812。而另一份嘉慶十年簽訂「立給墾永耕字」，則提到將原在猫羅社之厝地賣出，舉家移至萬斗六新社。《清代臺灣大租調查書》，1994 年，頁 478～479。由於這兩份文書時間相近，所以可以推測此次地震或許導致猫羅社遷移到萬斗六社之契機。

〔註 26〕如道光十一年簽訂「立再盡胎借大租契字」中即提到有「猫羅萬斗六隘丁首田天賜，暨闔社眾番等」之記錄。請參照《清代臺灣大租調查書》，1994 年，頁 670～671。

〔註 27〕陳炎正等，《霧峰鄉志》，台中：霧峰鄉公所，1993 年，頁 15。

猫羅洋（社尾）	有可能指下茄荖一帶，待查？
猫羅社	今彰化縣芬園鄉社口村
猫羅保永定寮	待查？
快官壯（莊）竹高崙頭	今彰化市快官里快官一帶
內快官莊後，土名菜公唐（蔡公堂）	今彰化市福田里菜公堂一帶
猫羅堡新興寮	今彰化市福田里菜公堂以北一帶
大邱園	今彰化縣芬園鄉舊社村大邱園
南勢庄	今台中縣霧峰鄉南勢村

【資料來源】《清代臺灣大租調查書》，1984，頁 444、452～453、463～465、478～479、654～656、670～671。劉澤民編，《平埔百社古文書》，2002，頁 315。《臺灣私法物權篇》，1963，頁 1026～1027、1027～1028、1034～1035、1036～1037、1038～1040。郭雙富文書，2004.05 收集。

根據古文書紀錄及訪問當地文史工作者研究成果。似乎猫羅保所包含範圍即爲猫羅萬斗六社社域範圍〔註 28〕。從古文書相關座落來看，猫羅萬斗六社目前可確定社域分佈，除烏日鄉未見到相關古文書外，其餘如芬園鄉下茄荖、大邱園、社口一帶，彰化市快官一帶，霧峰鄉丁臺、萬斗六、柳樹湳、南勢一帶皆爲猫羅萬斗六社社域範圍。初步推論，猫羅萬斗六社社域範圍，東至八卦台地東麓，西臨台中山地，南抵烏溪，北臨大里溪。其主要活動地點可能以八卦山地東麓以及烏溪沖積扇北端爲主。但猫羅萬斗六社實際社域範圍到底多大？則有待更多古文書的出土來建構。

〔註 28〕猫羅保所轄範圍大約爲今天霧峰鄉及芬園鄉全部，與彰化市、烏日鄉一部份。早期轄有十六庄，即霧峰鄉阿罩霧、北溝、大坑口、柳樹湳、吳厝、萬斗六、丁臺、南勢仔庄等。芬園鄉轄內之社口、竹林、大埔、舊社、下茄荖、縣庄、同安厝、大竹圍庄等。彰化市境之內、外快官、田中央庄等。烏日鄉境內之溪心壩、喀哩、同安厝莊等。請參閱陳炎正等，《霧峰鄉志》，台中：霧峰鄉公所，1993 年，頁 18。

附圖十四　古文書中猫羅萬斗六社相關座落

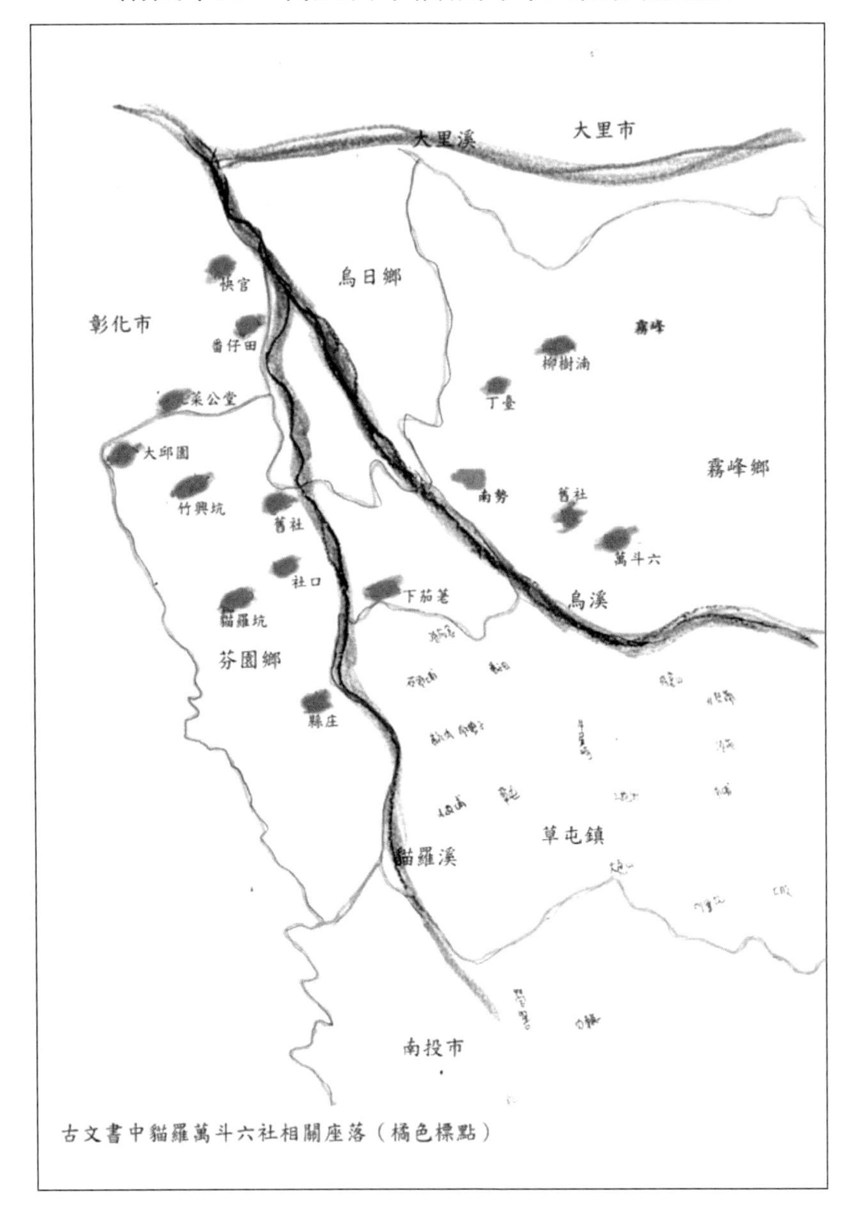

古文書中貓羅萬斗六社相關座落（橘色標點）

根據北投社、南投社、猫羅萬斗六社社域的初步界定。我們大致可以繪出三個社之間的社域分佈關係圖（請參閱附圖十五、十六）。根據前述以及附圖，大致可以看出三社社域相關性。猫羅萬斗六社與北投社在社域的劃分上有著較為明顯的界線。兩者大抵以烏溪及猫羅溪為界，其中茄荖地區及番仔田地區則爲兩社間模糊邊界。根據洪敏麟研究，此區或許爲兩社共有或互爭之地。

南投社與北投社域則可以很明顯的看到有重疊的現象，重疊的地區主要是在南投市及中寮鄉一帶。從表中來看，南投市包尾一帶以及中寮鄉眉仔陀附近，應屬於南北投社共有社域範圍。在相關包尾地區古文書中，可以見到南投社番在北投社相關番契中扮演代書人及爲中人的角色。

「立杜賣契」〔註29〕：

立杜賣契北投社番巫汝八，有承祖自墾水田二段，坐落南投，土名菓品洋。一段，東至富仔田，西至大岱田，北至秀才田，南至圳溝；四至爲界。又一段，東至大岱田，西至食魚田，北至秀才田，南至大斗六田；四至明白爲界；併帶水分一鬮五分灌溉。大小八坵，丈明七分五釐正，逐年該納租粟六石滿。今因乏銀別置，自情愿出賣，先盡番親人等不愿成交，托中引就與漢人曾宅讓叔出首承買，三面言議時價劍銀八十三大員正。其銀即日同中交收足訖；將田隨付銀主掌管起佃，招耕納租，不敢阻擋。保此係八祖遺承下物業，亦無重張典掛他人爲礙；如有不明，賣主抵擋，不干銀主之事。此係二比干愿，一賣千休，日後亦無言找言贖。恐口無憑，立杜賣契一紙，付執永遠爲照。

即日同中收過契內銀八十三員正完足，再照。

知見人　簡佑

乾隆二十三年正月　日　　代書南投社　潘中政

立杜賣契北投社番　巫汝八

爲中人　南投社番　大岱夷

曾蘭觀

此外，根據一份文書可以看出今天中寮鄉眉仔陀一帶爲南北投社之公山。

（……文字缺漏）僧秀安緣嘉慶八年間北投社番通土吳士元皆猫六隘丁□□閤社番眾等因念 聖母香（……文字缺漏）上祖掌管內轆溪頭名眉仔陀公山園埔等處喜捨□庙安爲□□通知以便開築事緣□城庄二十四份佃人等所墾旱園□已□成但未有開築圳路引水灌溉耳玆請佃人簡文士觀到稱自愿先備工本傭工開築圳路引水灌溉一帶墾業

〔註29〕請參閱《清代臺灣大租調查書》，1963年，頁707。

甚為增美如圳成出水之時眾佃灌溉者當應份向納水租苟或仍是旱園
原付秀安抽的廍乃係公平眾悉可聽憑開築不得刀阻滋事謹此欲聞
再批明南北投□社番眾喜捨一墜公山園埔入庙金招得佃人簡文士出
首自備工本任從前去墾作成田成園待丈明每甲之日三年以後將此每
甲大租應納庙內香灯之資與別人等無干絕不得刁難滋事合給再炤

道光參年　十月　日白　　南投天上宮住僧秀安憑戳記

理番分府給北投社通事余猫尉長行記戳記

理番分府薛給南投社通事吳天送長行記戳記〔註 30〕

此份文書主要敘述南北投社番眾於嘉慶年間將眉仔陀公山園埔捐出做為南投天上宮香燈之資〔註 31〕。文中提到此公山是由南北投社番眾喜捨，可見此區為南北投社共管之處。

此外，從地形圖上可以看出，三社主要社域範圍大抵分佈在平原之上，即使有深入山地之中，亦是沿著溪谷進入而選擇臨水台地居住。不過值得注意的是，上述三社社域範圍應當指曾有過名義上的最大範圍。以北投社為例，在雍正朝以前北投社域是否包含內木柵地區仍有待釐清。就筆者目前的整理來看，過隘寮以東一帶至內木柵、土城等區域，應當不是北投社所能完全控制管轄之地。乾隆以後北投社在此處有產權買賣，顯示其勢力已達到此地，但究其原因應該是跟設隘及番屯制的實施有關。關於社域變化與設隘及番屯制問題容於下節再做討論。

比較北投社與其他鄰近諸社社域範圍，目前可知南北投社有領域互相重疊的情形出現。然而另一相鄰近的猫羅萬斗六社卻似乎與北投社涇渭分明，就目前所找到的古文書來看，還無法找到任何有關猫羅萬斗六社與北投社社域互相重疊的相關資料。兩社之間的分界大致以烏溪及猫羅溪為一模糊界線。相較這兩者的領域關係，則顯示南北投社關係較猫羅萬斗六社來得密切。從自然空間分佈來看，猫羅萬斗六社由於分佈在八卦台地東麓以及烏溪沖積扇北端〔註 32〕。所呈現的遷移形勢是從彰化平原溯大肚溪再沿著八卦台地邊

〔註 30〕台史所藏古文書，編號：T238 D208.008

〔註 31〕關於南投天上宮位於何處？目前於南投市內並無南投天上宮之廟宇名稱。而根據陳哲三師口頭告知，此廟應指今南投市內之媽祖廟。

〔註 32〕至雍正年間，烏溪沖積扇北部（即今日台中縣霧峰鄉）仍屬於泰雅族眉加臘番之勢力圈。直到嘉慶年間猫羅社才遷移至此定居，顯示猫羅社之勢力已逐漸控制此區。然而需注意的是，猫羅社勢力能擴展到此地區似乎是與漢人開

緣試圖進入烏溪沖積扇平原。而考量北投社與南投社之關連及地理分佈，其所呈現的遷移形勢似乎沿著濁水溪或斗六門進入南投，而後沿著八卦台地東緣與南投山地之間的平原北上發展，而到了烏溪沖積扇平原與猫羅萬斗六社相遇。這樣的推論是否可行，有待更多的資料來加以證明。不過觀諸整個所謂 Arikun 社群的分佈地，主要從雲嘉平原北上而後沿著八卦山台地兩側分佈來看，這樣的推論或許可以成立。

附圖十五　南、北投社與猫羅萬斗六社社域大略分佈圖（有標地點）

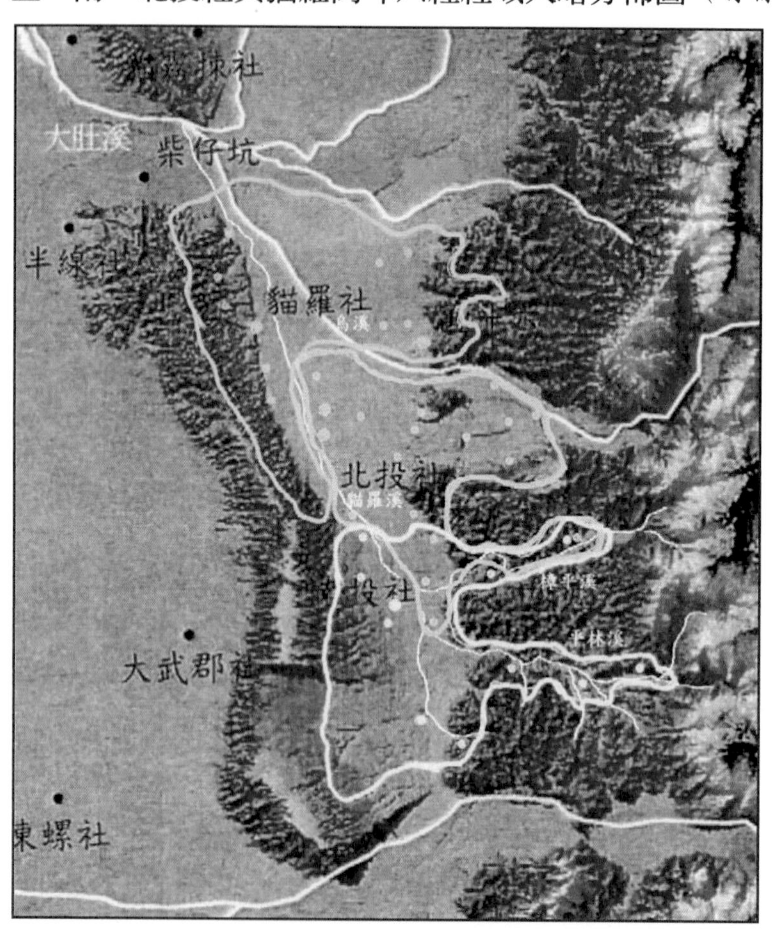

改繪自：洪麗完，《從部落認同到「平埔」我群意識——台灣中部平埔族群歷史變遷之考察（1700～1900）》，台北：台大博論，2003，頁 62。

發、官方設汛於此以及養贍埔地之給予有關。換句話說，猫羅社勢力擴展跟外力推移有密切關係。

附圖十六　南、北投社與猫羅萬斗六社社域大略分佈圖（無標地點）

區塊由上而下依序爲：橘色區塊爲貓羅萬斗六社域範圍，藍色區塊爲北投社域範圍，粉紅色區塊爲南投社域範圍。

附圖十七　Arikun 社群大致分佈圖

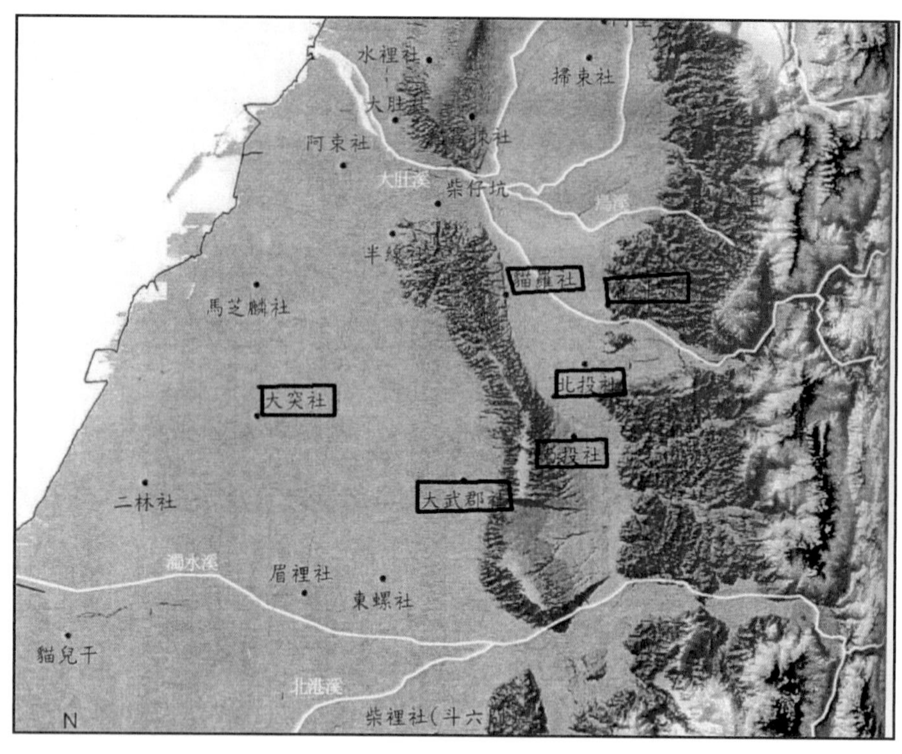

【資料來源】洪麗完，《從部落認同到「平埔」我群意識——臺灣中部平埔族群歷史變遷之考察（1700～1900）》，2003，頁 62。

二、社域土地利用模式

前文已經討論過北投社大致社域範圍。然而知道社域範圍後，筆者想要試著瞭解北投社社域土地利用的情況。根據邵士伯（John Shepherd）對於平埔族的生活領域，以同心圓的概念作一個陳述。筆者試圖建立北投社於清初時期的原始土地利用模式。從邵士伯的概念中，可以將平埔族的土地利用模式，用附圖十八所示：

基本上，邵士伯的生活領域概念建構出一個原始族群基於土地利用上的生活模式。然而同心圓的模式必須建構在對地理環境種種限制上的排除。換句話說，這個概念存在的環境必須是一個平坦之地，沒有任何天然界限的存在，必須與周遭民族或社群保有某種和諧的關係等等。而這一點，在台灣山地多平地少，到處充滿天然界限以及周遭族群勢力互動頻繁的情形下似乎難以存在。但究竟北投社土地利用模式爲何？仍是筆者想要知道的答案。

附圖十八　土地利用模式圖

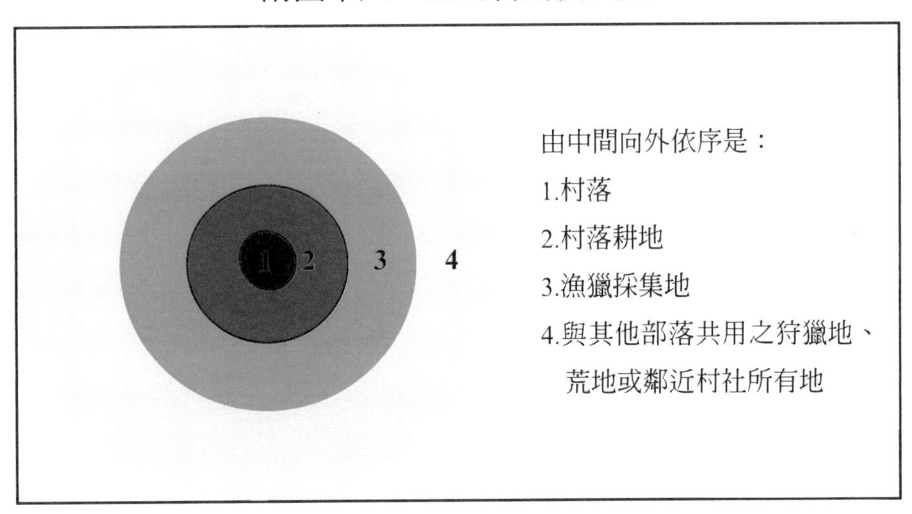

從古文書以及學者們對當地的調查與研究，我們大概可以得知清初時期某些地區的原來用途。

表十　清初時期（康、雍）北投社域土地利用模式

地　區	用　途	備　註
番社內	新社	陳哲三，2002.11，頁 114
北投埔	舊社，廢棄後成爲公共草地（荒埔地）	陳哲三，2002.11，頁 114 《舊地名沿革》，1984，頁 444
大哮山腳	北投社獵場	《草屯鎮誌》，1986，頁 118
大坪頂	北投社公有荒埔之地	《台灣公私藏古文書》第二輯第一冊
番仔田	北投社習種水田之地？	《舊地名沿革》，1984，頁 449
頂茄荖	北投社埔地	《草屯鎮誌》，1986，頁 107
草鞋墩	北投社埔地	《舊地名沿革》，1984，頁 441
林仔頭	森林地域	《舊地名沿革》，1984，頁 444 《草屯鎮誌》，1986，頁 116
眉仔陀	南北投社公山〔註 33〕	台史所藏 T238D208.008

【資料來源】洪敏麟，《臺灣舊地名之沿革》（二），1984。洪敏麟，《草屯鎮誌》，1986。陳哲三，〈古文書對草屯地區歷史研究之貢獻〉，2002.11，頁 107～126。《台灣公私藏古文書》第二輯第一冊。台史所藏古文書。

〔註 33〕嘉慶八年南北投社共有公山園圃一處捐給南投天上宮以招佃收租作爲香燈之資。全文請參閱本文頁 73～74。

想要描繪北投社社域土地利用模式，必須先選出當時的聚落中心。根據目前的研究，可以得知北投社在清初時期至少遷移兩次，入清之前可能在北投埔（即舊社）一帶形成聚落，而後於康熙或雍正年間遷移到「番社內」。到了嘉慶年間，則可能又遷移到了內木柵一帶〔註 34〕。由於要探討北投社域土地利用模式，必須有相關的文獻資料。所以可以排除北投埔爲聚落中心（此時仍少有文字紀錄），而選擇以「番社內」爲中心，勾劃出北投社土地利用模式。參考邵士伯的概念，大致可以瞭解北投社土地利用模式，應是呈圓周帶狀分佈。依據上述資料，試圖勾勒出北投社域於清初時期的土地利用概況。

根據上表推論，整個土地利用狀況應當呈現一個半圓周帶狀。由於北投社西緣緊鄰猫羅溪與猫羅社相鄰，猫羅溪遂成爲兩社漁獵地。「番社內」周圍應當爲北投社耕種地，其耕地可能零散分佈其中。再向外圍到了北投埔一帶則爲舊社社址，可能由於禁忌及早年燒墾關係成爲荒埔地〔註 35〕，在數年之間不再爲社人所耕種或居住使用。而在同樣圓周範圍內的草鞋墩、新庄、石頭埔一帶應該都是平原狩獵以及游耕地。再外圍如林仔頭、山腳沿匏仔寮、牛屎崎一帶以東則屬於山林狩獵以及採集地。至此應當都屬於北投社早期所能直接管轄之地。再往東如北勢湳、土城、坪頂，往南到樟平溪流域等則屬於與其他部落共用狩獵及採集地，如土城平原、坪頂台地曾爲泰雅族活動範圍。故乾隆年間設隘寮於匏仔寮一帶以防番害。較特殊的是南投市內轆、營盤口、包尾及中寮鄉眉仔陀一帶則爲南北投社活動範圍。此地區因南北投社血緣關係密切，我們可以推論此區原本即屬於 Arikun 社群 Tausa 系統領域範圍。後來因爲分社而使得兩社交界處形成共有財產關係。

另外，從古文書中可以得知北投社土地所有權，大致可分爲番社公地與社番私有地兩種〔註 36〕。一般認爲，原始部落之土地早期皆屬共有。然而

〔註 34〕同治三年仍有北投社屯丁征討北勢湳洪欉抗清之役事。學者一般引爲北投社人此時仍有居留原地（指「番社內」新社）之證據。不過筆者以爲，雖然此時仍有北投社人未遷移到埔里地區，但其居住地應當在內木柵一帶而非在「番社內」。

〔註 35〕社址所在之廢棄極可能與禁忌有關，而社址周圍之土地爲燒墾區，其廢棄可能與地力用盡有關。

〔註 36〕關於公私田之分辨：以社爲名贌出土地，取得公口糧租，其字契稱爲「番社給墾字」；以個人名義自行出贌土地取得爲私口糧租，稱爲「番人給墾字」。以上是屬於較容易分辨者，另外有的是以通事的名義或是以土目的名義來出贌土地者，應當歸類爲公口糧租的一種。

考其台灣原住民族，土地似乎公私皆有的佔居多，土地私有的情形一般以家族或氏族爲單位而非以個人爲單位。其情形大約分爲幾種：1. 耕地，一般以家族或個人爲單位。此土地一經開墾即被承認其所有權，然而此所有權並非永久，而是隨著燒墾、廢墾而不斷的改變。2. 河流，通常一條河流可能爲數個家族或氏族所長久擁有。每個家族或氏族都擁有河流的其中一段，並且不得在其他家族或氏族的河流中進行撈捕的工作，更禁止毒魚的行爲。如要毒魚往往是聯合河流的所有家族或氏族一起進行捕撈的工作並且平均分配。3. 山林，在某些原住民族裡，山林亦可能被劃分成數個家族所長久擁有，狩獵或採集時，不得闖入其他家族或氏族的領域內，如果獵捕之獵物跑到對方領域內，則獵物歸屬於對方；或是獵到獵物後，對方亦得分到一份。

除了以上三種外，大抵其餘土地皆屬公有地，任何人皆可在此進行各項生產活動。就北投社的狀況來說，目前無法瞭解其土地公私有狀況與性質如何〔註 37〕。但至少可知道的是在其社域內有些地區明明白白知道爲公地性質。

表十一　北投社公地一覽表

區　　域	公私地	備　　　　註
內凹庄（內轆庄）	公	雍正七年簡經向葛買奕等贌該社公共草地，土名大吼凹仔，今名內凹庄（臺案彙錄己集：P216）
北投埔	公	雍正十三年簡經又佔該社土名舊社公共草地一所（臺案彙錄己集：P216）
新庄（萬寶庄）	公	乾隆八年土目萬買奕等請吳連倘包開水圳，因積欠工資而將此草地四十張讓與吳連倘。（大租調查書上：P205～206）

〔註 37〕根據沈文珺引衛惠林著作，提到原始社會中，其財產的類別大致有四：（1）公有財產：凡不加人工的自然財產如土地、水源、森林等屬於此類。（2）公用財產：凡足以供應大眾公用的財產，如休憩所、倉庫、舟、車、舂磨、泉井之類。（3）家族財產：凡是家族生活上經常需要的財物，如家屋、炊餐器具。爐灶、家具及祖傳財產屬之。（4）個人財產：凡是個人日常使用的財物與衣服、裝飾物、男性用的武器、女性用的紡軸、針備之類。再加上以個人興趣與手工製造的財物，如雕刻、繡品多數是屬於個人的所有。此類的分法較爲細緻，北投社的財產類別在細分之下，應當不脫離上述。請參閱沈文珺，《清乾隆以前平埔族的自我防衛行動（1624~1795）》，1995年，頁 28～29。

內轆庄	公	先前簡汝懷向番目買去草地一處，至乾隆二十七年，簡觀宗兄弟因欠番租不能承管經縣府允許將庄交還社番自行管業完課。（林美容：P10）
大坪頂	公	黃世章等於乾隆三十八年以前向北投社眾番承墾大坪頂荒埔地一所。（公私藏古文書第二輯 0213034）
大埔洋草鞋墩	公	嘉慶一年黎朗買奕控告楊振文混佔北投社祖遺熟墾水田一所，東至牛屎崎，西至六汴溝，南至大哮溝，北至草鞋墩大車路爲界，一帶口糧租共數千餘石。（大租調查書下：P630）
內木柵、圳斗坑、匏仔寮、大哮山等處山場	公	北投社番黎管轄火炎山前一派山場，北自茄荖山，南盡大哮山。嘉慶末年張媽喜等以番山藉爲公山，混爭擾害。（南投縣沿革志開發篇稿：P125～126）
坪頂竹仔城庄番仔林	公	納北投通事大租（台史所藏古文書，編號：T184D162.001，P89～90）
內轆溪頭眉仔陀公山	公	嘉慶八年南北投社共有公山園圃一處捐給南投天上宮以招佃收租作爲香燈之資（台史所藏古文書，編號：T238 D208.008）

大抵而言，北投社公地範圍可與土地利用方式相印證，亦即北投埔同樣圓周及其以外之地應當皆屬公地性質。然而在古文書中，可以見到乾隆年間，此範圍內已有個人簽訂之契約。這是否表示其中有私人產權在內？如果就原住民族的土地概念來看，未必是代表此簽訂契約屬於其個人產權。但不能否認的是至少在乾隆以後，隨著土地買賣的進行，土地私有的概念可能已逐漸形成於北投社番的觀念中。以致於在乾隆以後原爲公地之土地逐漸爲北投社番劃分爲其家族或個人產權。而所見的番漢古文書中，簽訂者往往以個人爲主。

第三節　社域變遷

在自然狀態下，一個原始部落的社址及社域會不斷隨著自然環境改變及本身勢力的消長而變動著。這樣的過程，基本上可以說是部落本身發展的結果。換句話說，它呈現的是一個主動性的發展過程〔註 38〕。就清朝康熙、雍

〔註 38〕這裡所說的主動性，是將一個部落當作一個有機的個體，它與所生存的自然環境及周遭的部落，基本上已達成某種和諧的狀態。在這樣的狀態下，部落本身的發展受限於環境改變的適應與自身勢力的消長。而漢人的進入，基本上代表著整個環境的激變過程。

正時期的狀況而言，北投社社址已經從「北投埔」移到「番社內」。這大概是其原居地內自由遷移過程的最後一站。其時所能完全控制管轄的領域，大抵東至隘寮一帶，西至猫羅溪爲界，南抵樟平溪（與南投社共管），北至烏溪爲界。乾隆年間，隨著漢人的入墾，北投社域內土地漸已成爲漢人所有，其社址移動與社域變遷逐漸成爲被動狀態。

大抵要瞭解北投社從主動到被動的過程，可以從漢人對草屯地區的開發過程來瞭解其變化。從漢人開發的角度來看，漢移民初來開墾之際，只能被動地配合環境作有限度的活動。如要獲得更大的發展空間，首先要與當地的社番建立基本的互動以取得土地和貿易。而當發展到足以改變環境時〔註 39〕，則被動漸成爲主動，進而改變自身發展的可能性。當漢番之間主被動立場互換，則番社社域變動必然受到影響。

關於漢人進入草屯地區的開發時間以及開發歷程，目前已有多位學者做過研究，並有豐富研究成果。就時間而言，漢人開始大量進入北投社域發展。一般認爲始於雍正三年以後〔註 40〕。至於雍正三年以前記錄，在荷蘭文獻裡已有提到南北投社名稱由來，是由漢人之稱呼引用過來。故由此可知北投社域於荷蘭時期，應當已有漢人進入其中從事貿易或零星墾殖。而至少在雍正七年，已有大量土地贌與漢人承墾情形發生〔註 41〕。

從墾殖情形來看，漢人進入北投社域墾殖方向，主要由南北兩方同時進行。南部從濁水溪進入，而從南投方向北上；北部則從大肚溪沿猫羅溪進入北投社域。所以可以看到其拓殖過程，南投社域與猫羅社域墾殖時間皆有早於北投社域的情形〔註 42〕。而北投社域拓墾方向，大抵而言則是由西方向東

〔註 39〕亦即在技術條件、土地取得、資金累積等條件的支持下，帶動精密水利系統的出現，這樣的改變同時帶動更多的人口、新的農作、更多聚落街庄形成、產生新的社會結構與社會文化叢。請參閱曾敏怡，《草屯地區清代漢人社會的建立與發展》，1998 年，頁 39。

〔註 40〕雍正三年部議：「台灣各番鹿場閑曠之地方，可以墾種者，曉諭地方官，聽各番租與民人耕種。」此議成爲局部開放平埔族境域之嚆矢。轉引自洪敏麟編，《草屯鎮誌》，1986 年，頁 174。

〔註 41〕例如雍正七年，簡經向土目葛買奕承墾內凹莊之公共草地。

〔註 42〕例如猫羅溪西岸的縣庄，其開發的時間可推溯至康熙年間。請參考曾敏怡，《草屯地區清代漢人社會的建立與發展》，1998 年，頁 103。而南投一帶至遲在雍正三年也已有漢人進入拓墾。請參照林欣怡，《清代臺灣漢人社會的建立——以南投平林溪流域爲例》，2000 年，頁 26。

方發展〔註 43〕，亦即由烏溪沖積扇平原逐步往東向台地及山區推進。漢人進入北投社域後之拓墾地，「主要先佔據水源附近地方，如月眉厝、溪洲、大哮山腳、草鞋墩等地。而後來者則拓墾水源較難取得的荒埔，如北投埔、石川、新莊等〔註 44〕。之後更東入內木柵匏仔寮台地，越過隘寮，進入南埔、土城、北勢湳地方，以至烏溪溪底」〔註 45〕。關於北投社域內各區域的開發時間先後，依據不同學者的研究有些微差異。主要在於古文書不斷的出土而重寫本區域的開發歷史。然而究其大致的開發過程則如上文所述，大抵以水源取得爲首先考量，即使水源無法取得，仍會設法開水圳以供給灌溉。

瞭解漢人在北投社域大致的拓墾情形後，我們試圖解釋北投社在其社域內被動過程以及在被動過程中如何再次建立主動局面。一般認爲，北投社在被動過程中，生存空間逐漸縮小〔註 46〕。從大體上來看是沒有問題，但是筆者認爲至少在雍正七年以後，北投社域有擴大的跡象。而且在乾隆末年達到前文所述最大的範圍。然而此次社域的擴大並非北投社本身勢力大增所致，而是由於官方的介入所導致。依據文獻，至遲在雍正初年，北投社域已有漢

〔註 43〕王育傑於文中指出南北投社之土地流失是由東往西，可是在其表七「北投社平埔族與漢人土地轉移表」及圖六「北投社平埔族與漢人土地轉移圖」中，可以看出其土地流失是由西向東，文中之說應是筆誤之故。請參照王育傑，《清代平埔族與漢人土地轉移關係之研究》，1987 年，頁 135～137。

〔註 44〕此區開墾進度及聚落形成較晚，主要在於必須等到水圳的開發完成後，有固定的水源可供灌溉及生活。這幾個地區主要有險圳、茄荖媽助圳、舊圳三條。其築成年代及灌溉地區可參考下表：

水圳名稱	築成年代	灌溉地區	灌溉面積（甲）
險圳	乾隆八年初次修造，乾隆 16 年加以擴充，乾隆末期又延長圳路	北勢湳、牛屎崎、新庄、草鞋墩、北投埔、營盤口等庄	一千四百餘甲
茄荖媽助圳	乾隆年間初次修造至嘉慶年間加以延長	上下茄荖、番仔田、石頭埔等庄	四～五百餘甲
舊圳	乾隆二年初次修造至嘉慶十六年加以擴大	草鞋墩、山腳、林仔頭等庄	四十餘甲

資料來源：重整自曾敏怡，《草屯地區清代漢人社會的建立與發展》，1998 年，頁 82、88。

〔註 45〕請參考陳哲三，〈清代草屯地區開發史——以地名出現庄街形成爲中心〉，收錄於《逢甲人文社會學報》3 期，2001 年 11 月，頁 119。

〔註 46〕北投社域在被動中所呈現的縮小過程，主要在於土地產權逐漸爲漢人所擁有。儘管名義上仍爲北投社所有。然而北投社已無法在其土地上進行原始生業型態，更由於土地的轉讓或杜賣，讓北投社之活動範圍逐漸縮小。

人進入開墾，並在牛屎崎及隘寮等處設立隘寮〔註 47〕，並撥埔地給守隘的熟番社丁以收租養贍〔註 48〕。一般而言，民隘的設置顯示漢人進入本區開發並受到了生番的威脅，於是聘請社番守隘以防番害。而官方的設隘，則顯示此地已有相當數量的漢人在此定居發展〔註 49〕。

一、隘寮設置與社域擴大

隘寮的設置，顯示此區應爲北投社與其他社群分界線〔註 50〕，亦即此線以西可視爲北投社完全掌控之地；以東則北投社雖能進入從事開墾與進行生業活動，但此區亦爲其他社群活動範圍。隘寮的設置，確保北投社在此線以西的完全控制權。以東則隨著勢力的增減逐步擴大或縮小其範圍。由於隘寮的設置，位於隘口的界外之地逐漸爲北投社番與漢人所開發〔註 51〕。所以在乾隆五十三年以前，內木柵地區逐漸爲北投社番所擁有，而漢人也在北投社番能直接掌握其地權時，開始進入此區進行拓墾的工作。所以在乾隆五十三年屯番制實施以前，內木柵地區已有漢人進入開墾。以下列出乾隆五十三年以前，關於內木柵開墾的古文書：

乾隆四十四年的「立杜賣盡根契」〔註 52〕：

> 立杜賣盡根契人北投社番新烏眉有承父物業得埔園壹坵坐落土名內木柵中埔東至崁西至賞仔園爲界南至金英園爲界北至仕成園爲界四至界址明白今因乏銀應用欲將此園出賣先盡問房親叔兄弟人等具不能承受外托中引就與漢人鄭扳龍出首承買仝日三面言定時值價銀捌大員正銀即日仝中交收足訖……此係二比干愿各無反悔口恐無憑今

〔註 47〕關於此處隘寮之設立，一開始是民隘或官隘仍無法得知。謝嘉梁，《草屯地區古文書專輯》，1999 年，頁 338。中雖指出先爲民隘，雍正 7 年後始改爲官隘。然而未指明資料出於何處？又學者多對此產生疑問，這裡姑且存疑看之。另外，依據陳哲三老師的看法，此處一開始爲官隘的可能性極高。

〔註 48〕隘租田分佈於大虎山腳至林仔頭一帶，請參閱洪敏麟，《草屯鎮誌》，1986 年，頁 309。

〔註 49〕台灣的地方開發史，主要是由民間先行進入開發，待到一定程度後官方才介入。故就整個開發過程而言，是民間領導開發而非官方領導。

〔註 50〕隘寮設置地點，主要在接近生番區域。故隘寮之設置，可視爲兩社群之邊界地帶。

〔註 51〕在邊境的開發過程中，隘、營等防衛組織往往是移墾者從事界外開墾的一個據點。它能在界外開墾之初提供一個安全的庇護所。

〔註 52〕謝嘉梁，《草屯地區古文書專輯》，1999 年，頁 235。

欲有憑立杜賣盡根契壹紙付執爲炤

即日親收過賣契內佛面銀捌大員正完足再炤　代筆人　許取老

爲中見人　王文章

巫乃亦

乾隆肆拾四年　拾壹月日立杜賣盡根契字人北投社番新烏眉

又乾隆四十七年的「仝立贌永耕字」〔註 53〕：

仝立贌永耕字北投社番余思成、連仔有承番婦大目斗埔園壹段土名坐在內木柵中埔東至崁西至賞仔園界南至扳龍園界北至意眉園界四至界址明白今因乏銀費用欲將此園出贌先盡問番親人等不能承受外托中送就與北投街泉利黃記觀身邊贌出佛銀拾貳大員正銀即仝中交收足訖其園踏付銀主前管耕收租不敢阻當異言等情係此園係承大目斗應分物業與別番人等無干亦無重張典掛他人財物不明爲礙……永執爲炤

即日仝中收過贌耕字內佛銀拾貳大員完足再炤

代筆人　許取老

在場|貓六菜光印記|

中見人　老三甲

乾隆四拾柒年　十月　日　仝立贌永耕字北投社番余連仔、思成

從以上這兩份文書中可以看出，乾隆五十三年以前已有漢人進入內木柵並從事墾殖工作。從四至田主來看，此時大部分的土地是屬於北投社番所有。而漢人雖然已經入墾內木柵地區，但因過了界外之地，生命便無法受到保障，故此時漢人進入者少。這樣的情況對於北投社而言，卻是一個主動發展的契機。從設隘以來，隘寮以東土地逐漸爲北投社擁有，其原因可能來自於漢人逐漸佔據烏溪沖積扇平原。北投社爲求生存，亦不得不往東邊進行墾殖行動。

二、屯番制與社域名義上的最大化

乾隆五十三年屯番制的實施〔註 54〕，進一步擴大北投社域的範圍。乾隆五十一年林爽文事件發生，由於當時有熟番偕同清軍討賊，成效頗著。大將

〔註 53〕謝嘉梁，《草屯地區古文書專輯》，1999 年，頁 236。

〔註 54〕雖然眞正實施是在乾隆五十五年，不過由於乾隆五十三年時即已開始規劃，所以本文以乾隆五十三年爲開始。

軍福康安奏請仿照四川屯練之例，設置屯丁。屯兵的編制，全台設屯十二，計大屯四，小屯八，其中又分南北兩路。南路爲一大屯二小屯，北路爲三大屯六小屯，每小屯設外委一員：每大屯設外委一，把總一；南北兩路各設千總一員以統轄諸屯。屯丁人數，大屯四百，小屯三百，分由九十三個番社的壯丁挑選出來，共四千名。如果一社不夠編作一屯時，則合數社爲一屯。但以不遠離社址爲原則。而選兵次序及標準爲「先盡本屬，次及鄰境附近本屯小社之番丁內挑其年力精壯者充補。」〔註55〕

至於養贍地的撥給，則由政府重新清丈，將所查出界外未墾荒埔五千六百九十一甲作爲屯丁的養贍地〔註56〕。每丁撥給一甲至一甲二分不等；離屯稍遠者則每丁撥給一甲二分至一甲六分不等。

除養贍埔地外，亦有發給屯餉。如外委年給餉銀六十員，屯兵年給餉銀八員。此外另有屯租，就北投社域言，有北投大埔洋一千六百零四石七斗八升零三合八抄六撮，內木柵莊六百五十三石五斗九升八合五勺四抄四撮〔註57〕。

屯制實施，除道光年間因水沙連六社番眾歸化而增設一大屯外。屯制大抵並無增減。而屯制也因日後屯目的貪污舞弊、惡佃欺番抗租、屯職賄賂之風盛行、奸細之逃租等種種弊端而使屯務漸廢，屯租愈空乏〔註58〕。光緒二

〔註55〕請參閱〈軍機大臣會同兵部等部議奏前案摺〉，收錄於《臺案彙錄甲集》，1959年，頁17～18。此外關於屯丁的年齡，根據謝仲修的研究，屯丁年齡一般分佈於20～50歲左右，其中最年輕的爲17歲，最年老則爲60多歲。所以這裡所指的年力精狀者大約爲20～50歲左右，依照當時的平均壽命看，40～50歲能否稱爲年力精狀者仍有疑問。另外謝亦指出假使此社之前已有設隘或是負責軍功匠之隨行保護責任者，通常所補選的屯丁年齡偏高，這反應設隘及隨行保護軍功匠等番差，往往導致本社壯丁傷亡慘重。請參閱謝仲修，《清代台灣屯丁制度的研究》，台北：政大歷研所碩論，1998年，頁49～52。據此，可以推論北投社之屯丁年齡，蓋由於北投社於先前已有設隘。如此則北投社之屯丁年齡或許如同朴仔籬社有偏高現象，其屯丁年齡範圍可能介於20～60歲當中，其中可能多分佈40～60歲之間。

〔註56〕除了未墾荒埔之外，原本還有界外抄封地，例如乾隆四十八年及乾隆五十一年發生漳泉械鬥及互控結會案，抄沒翁雲寬、楊光勳的土地共有八千八百餘甲，不過抄封地後來被用來給駐臺班兵加餉。但是這些土地都屬於界外之地，顯示土牛界線於此時已成虛線，無力阻止漢人進入界外之地進行墾殖。請參閱謝仲修，《清代台灣屯丁制度的研究》，1998年，頁41、59。

〔註57〕請參閱劉枝萬，《南投縣沿革志開發篇稿》，1958年，頁284。

〔註58〕請參照陳華醇，〈「屯制」在台灣的施行及其在清代理番政策上的績效〉，《史學會刊（師大）》15期，台北：師大，1976年2月，頁26～32。

十九年，北投社通事謝潘元曾提到北投社位於內木柵北勢湳牛埔的一百二十八甲養贍地，於咸豐年間爲「清國反首及虎佃覆收，顆粒不完」〔註 59〕即是一例。而緊鄰之南投社，其位於虎仔坑之養贍埔地，亦是在咸豐年間爲佃人抗納而陸續斷絕〔註 60〕。

以上大抵爲屯制實施始末〔註 61〕。至於番屯制對北投社社域變遷有何影響，是接下來所要討論的主題。北投社於番屯制實施時所分到的養贍地位於內木柵北勢湳牛埔一帶。同時亦有其他社之養贍地也被分到內木柵一帶。

根據養贍地之分配，被分到內木柵埔地的有北投、柴裡兩社。乾隆五十三年以前，北投社已經逐步在內木柵一帶進行墾殖。而養贍地的撥給則確定北投社域擴展到了今天的土城平原（屯園）一帶。不過，此塊養贍地可能一直到乾隆末年都還是生熟番互爭之地，北投社並沒有掌握到實質的控制權。筆者持這樣論點的原因有二：

第一，由於養贍地的主要來源是「界外未墾荒埔〔註 62〕」，這表示就當時而言，此區仍是生番出沒之地，北投社與柴裡社欲開墾此塊土地勢必須要一段時間。同時，由於內木柵屯園一帶成爲養贍地，故原設於匏仔寮一帶之隘寮，必然東移以便保護養贍埔地之開墾〔註 63〕。

第二，內木柵一帶於乾隆五十三年以前雖有漢人進入開墾，但數量不多。乾隆五十五年以後，雖然養贍地已經撥給北投社與柴裡社。但北投社欲要掌管此地勢必與生番進行一番競爭才能有效掌管。所以到乾隆末年而言，此區掌控權之爭奪仍在進行中。至於北投社何時完全掌控內木柵屯園一帶的控制權？筆者以爲最晚要到嘉慶六年左右，北投社才取得完全的控制權。筆者根據柴裡社所簽訂「同立懇求字」〔註 64〕來看：

〔註 59〕《清代臺灣大租調查書》，1963 年，頁 810～811。

〔註 60〕《清代臺灣大租調查書》，1963 年，頁 811～812。

〔註 61〕關於詳細的屯丁制度研究，可以參考謝仲修，《清代台灣屯丁制度的研究》，1998 年。

〔註 62〕養贍埔地位於界外，主要有二個因素：第一，在乾隆年間，台灣界內土地開發已呈飽和。第二，官方可藉由養贍地成爲漢人和生番的土地界線，避免造成漢番糾紛以及達到隔離漢人與生番的交往。請參考謝仲修，《清代台灣屯丁制度的研究》，台北：政大歷研所碩論，1998 年，頁 59～60。

〔註 63〕關於隘寮東移後究竟設於何處，目前仍未可知。有學者從地名上看以爲應在土城一帶。亦有些學者則認爲就是後來的龜仔頭。

〔註 64〕《清代臺灣大租調查書》，1963 年，頁 812～813。

同立懇求字人李利、李排、李邊等，因上年有向柴裡社屯首豹載生同屯丁等贌出，蒙憲撥給北投社內木柵界外屯埔一處，計共丈明撥出五十六甲三分九釐。自嘉慶七年起，至嘉慶十一年終止，限共贌五年爲滿，付利等前去招佃耕作。所有歷年五穀收成抽的粟石，以完五年，抵銷贌價內母利銀清白。但此處屯埔係屬北投社通土管轄之所，出入牛隻車運必由伊園經過，合同議約前來，懇求得北投社通土業户等每年愿貼出北投社費粟三十石，以貼車運穀石耕牛出入之需。但恐各佃不肯貼納，即就李利、李排等坐帳供清，不敢少欠升合；如有拖延少欠，任憑北投通土等稟官究追，利等不敢異說。今欲有憑，同立懇求字一紙，付執爲照。

嘉慶七年正月　日

說合人　李　和
知見人　李元光
代筆人　李清郁
同立懇求字人　李　排
李　利
李　邊

此份古文書顯示，嘉慶六年時漢人李利等向柴裡社承墾屯地。而嘉慶七年正式進入屯地進行墾殖。雖然柴裡社於乾隆五十五年分到內木柵的養贍地，但目前爲止尚未發現到其來耕種開墾的證據。反而到了嘉慶六年將之贌與漢人承墾。柴裡社因屯地距社太遠而不能自耕，將之贌與漢人是可以理解的。不過從乾隆五十五年到嘉慶六年的十二年間，爲何柴裡社不盡快將此屯地贌與漢人承墾，反而過了十二年後才贌出土地？這似乎顯示十二年間，此地區一直處於不穩的狀態下，即使想要贌與漢人進行墾殖，漢人亦不敢貿然進入。同時根據這份文書，或許可推測當北投社與生番在競爭內木柵地區的控制權時，柴裡社可能並沒有實際加入這場爭奪戰。所以到了嘉慶六年，柴裡社將養贍埔地贌與漢人承墾時，由於此地爲北投社通土管轄之地，來往耕種的漢人必須貼納粟三十石以作爲過路費用。

番屯制的實施擴大了北投社域的範圍。然而在擴大的同時，北投社域的實質範圍卻是逐漸在縮小與東移當中。乾隆、嘉慶年間，烏溪沖積扇平原的土地幾乎爲漢人租贌殆盡。北投社雖然保有名義上的地主稱呼，然而卻無實質的控制權，更遑論還有土地的使用權。番屯制的實施剛好給予北投社向東發展的機會。隨著對內木柵地區的逐漸掌控，北投社開始向東遷移，而同時我們也看到北投社域（實質上的）也幾乎同時往東移動。

三、社域土地的流失

嘉慶中葉，北投社達到名義上最大的社域範圍，然而實質上可控制的社域，卻是呈現縮小與東移的現象。事實上，我們可以從古文書上看到這樣的發展。從番漢契約的簽訂上來看，烏溪沖積扇平原上最後一件由北投社番與漢人簽訂之古文書，發生於嘉慶二十年，地點爲「大埔洋舊社林」的「立胎借銀字」〔註 65〕，此份文書將番大租胎給漢佃。而此份文書後，本地再無番漢契約的簽訂。雖然此區仍有番大租的存在，顯示北投社仍有名義上的地主權。但土地的直接控制權已在漢人手上，就實質而言，北投社域已經退出烏溪沖積扇平原而往東移動。

如果就古文書中的四至田主來看，則可以看到更明顯的社域東移現象，以下根據古文書中四至田主的狀況，找出四至田主中仍有番田者〔註 66〕並列成下表：

表十二　古文書中四至狀況仍有番田者

紀　元	座　落	文　書　名	出租售人	四至狀況
乾隆 14	南勢庄	立招佃開墾	番猴三甲	仍有番田
乾隆 16	大好庄山腳	立賣契	番扶生	仍有番田
乾隆 22	下埔園中心林	立杜賣契	林程氏等	仍有番田
乾隆 23	南投，果品洋	立杜賣契字	巫汝八	仍有番田
乾隆 23	草鞋墩	立杜賣園契	番大眉	仍有番田
乾隆 37	草鞋墩嶺下	立永杜絕賣契	曾春等	仍有番田
乾隆 44	內木柵中埔	立杜賣盡根契	番新烏眉	仍有番田
乾隆 47	內木柵中埔	仝立贌永耕字	番余思成等	仍有番田
乾隆 50	大埔洋	立永杜賣盡根契(水田)	番素仔	仍有番田

〔註 65〕林美容，《草屯鎮鄉土社會史資料》，1990 年，頁 40。

〔註 66〕這裡所指的仍有番田，是筆者從古文書中所列之四至田主的名字中來辨別其是否爲番田。

乾隆 51	草鞋墩	立杜賣斷根田契	番阿祿、斗六、自仔	仍有番田
乾隆 54	草鞋墩庄腳	立永杜賣盡契	番巫尾八	仍有番田
嘉慶 03	內木柵三叢北勢竹刺蔥溝	親立永杜賣盡根契	番母歐甲、子羅三元	仍有番田
嘉慶 10	內木柵大埔	立杜賣斷根契	番素阿旦	仍有番田
嘉慶 10	內木柵中埔	立賣契字	番巫打里	仍有番田
嘉慶 10	內木柵庄青牛埔楛苓腳	立典契字	番淡八仔等	仍有番田
嘉慶 16	圳寮庄	立杜賣盡根找洗旱田契	番余目	仍有番田
嘉慶 18	內木柵	立杜賣盡根契字	鄭媽福	仍有番田
嘉慶 19	內木柵崙仔頂	立永耕埔園契	潘八	仍有番田
嘉慶 19	內木柵崙仔頂	立杜賣盡根埔園契字	蕭光夜	仍有番田
嘉慶 19	內木柵中埔	立杜賣絕盡根園契字	張薛貴	仍有番田
嘉慶 1?	內木柵大埔南北埒	立典園契字	番金明哲	仍有番田
嘉慶 1?	內木柵大埔南北埒	立杜賣盡根園契字	番金明哲	仍有番田
嘉慶 21	內木柵中埔	立招佃永耕埔園契字	番巫美八	仍有番田
嘉慶 21	內木柵中埔	立開墾永耕埔園契	番歐春等	仍有番田
嘉慶 23	內木柵中埔	立杜賣絕盡根園契字	番巫柔斗六	仍有番田
嘉慶 23	北勢湳木羨仔腳	立典田契字	李海生等	仍有番田
嘉慶 24	內木柵崙仔頂	立杜賣盡根埔園契字	沈得法等	仍有番田
道光 04	北勢湳木羨仔腳	立永杜賣盡根契字	李海升等	仍有番田
道光 09	內木柵中埔、南埔	立典園契	李伯等	仍有番田
道光 25	青牛埔	立杜賣盡絕根契	林九等	仍有番田
道光 26	北勢湳木羨仔腳	立杜賣盡根契字	李石盛等	仍有番田
咸豐 06	北投內木柵匏仔寮庄	仝立典契（埔園）	李成有	仍有番田
咸豐 10	北投內木柵匏仔寮庄	立杜賣契	李成有	仍有番田
同治 05	內木柵崙仔頂雙丁園	立典園契字	李士炤	仍有番田
同治 14	內木柵中埔北勢湳大埤頂	仝立典旱田併園契字	洪阿昧等	仍有番田
光緒 15	內木柵大墩腳	立賣盡根埔園契字	李火弄	仍有番田

從上表來看，烏溪沖積扇平原到了嘉慶十六年時仍有番田的存在。但如前文所述，到了嘉慶二十年後卻再也沒有番漢契約的簽訂。由於嘉慶十六年

與嘉慶二十年這兩份文書所指的座落不同，顯示嘉慶十六年以後應當仍然有番漢契約的簽訂，只是目前尚未發現。但根據目前的資料，至少可以推論嘉慶十六年以後，烏溪沖積扇平原基本上已經沒有北投社番直接管轄之地。所以儘管北投社番在這些地區還有名義上的番大租權，但實質上這些土地已經不是他們所能隨意進行任何生產活動。至於內木柵地區的情況，一直到嘉慶二十三年都還有番漢契約的簽訂，而四至田主中還有番地主的卻一直持續到光緒十五年。這顯示名義上的社域存在，但同時實質上的社域卻已經東移。此外，根據內木柵地區之番漢契約內容來看，還顯示幾種意義：

第一，基於漢化跟簽訂古文書時的正式態度，嘉慶二十三年以後的古文書簽訂，有可能完全不用北投社番之傳統名制，而完全改用漢姓漢名。所以在其後的古文書中，找不到社番名字。但在四至田主中，可能基於辨識上的習慣，仍然沿用傳統名制。

第二，假使要證明北投社人是否仍存在於原居地，內木柵一地是最有可能找到其後裔的地方。因爲番地主的存在顯示此地還有北投社番居住而未遷移到埔里〔註 67〕。

此外，內木柵地區爲何到了清代末期仍有北投社番在此居住並擁有地權值得探討。從草屯地方的開發史來看，內木柵一帶的開發呈現極爲緩慢的現象。嘉慶六年以後，此區應該已經大幅降低被生番獵頭的危險，如此則漢人應該大量湧進開墾才是。然而內木柵地區的開墾進度卻呈現緩慢的進展。有些學者認爲，內木柵一帶缺乏灌溉水源以及生番出草的習慣，是造成此區開發緩慢的因素。在灌溉內木柵一帶的龍泉圳完成之前（一九二三年籌組至一九二八年完成）〔註 68〕，此區多屬看天田。沒有穩定的水源，造成漢人開發意願低落。再加上生番仍然不時出草，更減低漢人來此開墾的意願。

這樣的解釋似無異議。但除此之外，筆者以爲內木柵地區開發進度較慢，是否因爲北投社於此時有比較強烈的番漢意識有關？嘉慶初年，北投社番在遷移至內木柵的同時，亦有一批北投社番隨著岸裡社群領導的移墾集團到宜蘭平原從事移墾。這顯示北投社在遷移到內木柵的時候，在原居地可能已經

〔註 67〕洪麗完曾在一研討會中指出，早期埔里的平埔族群之通婚，首先先找同社群的人，他們往往會回到原居地去找。如果沒有，才會找同住於埔里的平埔社群，最後抉擇才是漢人。其中漢人又以客家人爲優先。如果到光緒年間內木柵地區還有北投社人存在，那是否還會與埔里社親有通婚的往來值得探討。

〔註 68〕請參閱洪敏麟，《草屯鎮誌》，1986 年，頁 568～569。

面臨生存困難的問題。而內木柵地區的生存環境又不如原居地來的優渥。所以東移的同時，亦有北投社番欲從事境外遷移來試圖找尋更好的生存環境。至於東移到內木柵地區的北投社番，由於先前在原居地已有土地為漢人佔據，而必須東移的慘痛經驗。所以很有可能在非不得已的情況下，不願意出賣土地給漢人。

此外，一般學者以為社番在原居地仍存留的原因。在於有些土地因太過貧瘠或靠近危險之地，漢人不願承買，所以使得社番仍有生存之空間。從古文書來看，北投社所擁有的番地與其他賣與漢人的土地並沒有明顯肥沃或貧瘠的差別。而漢人在進入此區開墾時，雖然盡量找尋靠近水源之地，然而從座落的地點來看亦是相互參雜其中。這顯示北投社最後所留存的土地並不是因為太貧瘠或危險才無法賣出，而是北投社人可能基於生活的優渥與否來決定是否賣與漢人。而從文書的存在年代一直到光緒末年來看，表示北投社在內木柵的發展，至少有一部份社番的生活情況可能過得不錯，所以不需要遷移或是較晚遷移到埔里去。

筆者以為，從番屯制的實施以及遷移到內木柵地區的這段過程，北投社應當會有某種程度的族群意識產生。番屯制的實施，各社群的「番漢經驗」可以快速的進行交流，而普遍的「被欺壓」心理可能已經潛藏在心中。再加上原居地的土地不斷流失，不得不往東遷移求取新的生存空間。北投社在內木柵一地居住時，會產生番漢分別意識的心理實屬合理。而這種意識也造成後來遷移到埔里的過程中，各社群於簽訂契約時明白指出不許將土地贌與漢人的規定。

此外，筆者以為北投社番在內木柵地區的居住過程中，不但產生番漢意識，而且對於保留傳統與漢化兩者亦處於矛盾糾結的情境當中。生活環境的改變以及清代官方系統的進入，造成北投社番無法再回到以往傳統的生活，逐步的涵化是必經的過程。面對傳統意識的保留與漢化的必要，勢必造成北投社在生活與思想方面處處產生矛盾的情節。

第四節　結　語

在北投社社域內所進行的移動，在康熙、雍正年間以前可說是完全主動時期。到了乾隆年間，隘寮以西的土地漸漸流失於漢人手中，而社域也隨著隘寮的設立與保護逐步向東拓進，內木柵一帶已成為北投社域範圍。乾隆五十三年番屯制的實施，北投社社域擴展到了土城平原一帶，然而烏溪沖積扇平原的土地在此同時也幾乎只剩下名義上的地主權。在東擴的過程中，北投社在實質上也喪失隘寮以西的土地。這一進一退，帶動了整個實際社域的東移。而嘉慶年間，北投社在被動與主動的過程中，也遷移到了內木柵一帶居住。

內木柵地區應該是北投社在其社域中最後的生存據點。當嘉慶年間，「番社內」新社不再適合居住，而烏溪沖積扇平原幾乎已被漢人完全佔據時。北投社試圖在被動的過程中求取主動的發展，於是北投社有一部份人遷移到了內木柵並且在此生活。而遷到內木柵的同時，亦有一部份人與中部各社群聯合組成一支龐大的移墾集團，越過中央山脈到達蘭陽平原進行拓墾。然而，內木柵即使漢人進入緩慢，卻終究慢慢導致北投社域的消失。於是，北投社在最後的根據地下，不得不再度找尋其他的生存空間。而在被動中求主動的發展過程中，終於有更大規模的遷移行動產生，道光三年的遷移埔里即是在這樣的情境下發生。

第四章　遷出北投社的原居地

本章主要討論幾個重點：第一，北投社在原社域面臨存危機時，所採取的第一次境外遷移——移墾噶瑪蘭，情形為何？過程？影響？第二，道光三年有三次境外遷移行動，「公議同立合約字」所指涉的茅埔究係何處？為何開墾未見後續動作？第三，埔里開墾行動中北投社如何取得領導權？領導權的取得對北投社有何影響？筆者試圖利用文獻及近人研究成果來解決上述之問題。

北投社在面臨到實質社域逐漸縮小的過程中，不得不化被動為主動以求取更好的生存環境。事實上，不光是北投社面臨到這樣的處境，當時幾乎所有中部各社群皆是如此。道光三年發生著名的中部平埔社群大遷移，便是在這樣的情況下發生。然而，在遷移埔里之前，中部各社群亦曾數次聯合，試圖進行遷移試墾的活動，但似乎皆呈現失敗的局面。

不管成敗與否，在這幾次的遷移中，北投社皆參與其中。本文試圖探討北投社在這些遷移中所扮演的角色為何？大體而言，北投社境外遷移，可說是試圖在被動的環境中求主動的發展。

第一節　移墾噶瑪蘭

早在嘉慶九年，中部平埔社群即有過一次較具規模的跨社群遷移行動，此次遷移行動規模達千人以上。儘管目前學者均同意遷移埔里才是最大的規模，不過就一次所遷移的人數來看，中部地區遷移行動似乎並無像此次規模之大的。然而遷移噶瑪蘭，留下的紀錄卻極為稀少，以致於不能完全瞭解其全貌。在此就前人研究成果及其現有資料略述其大概經過：

移墾噶瑪蘭起因於嘉慶九年，岸裡社群領導人潘賢文，因爭奪總通事職位失敗〔註1〕，遂聯合岸裡、阿里史、阿束、東螺、北投、大甲、呑霄、馬賽〔註2〕等社番共千餘人，穿過內山〔註3〕到今宜蘭五圍一帶進行拓墾。當時五圍一帶已有吳沙等人率領漢人入墾，是故引起紛爭。唯當時潘賢文所帶領流番集團配有鳥槍等眾多武器，漢人不敢與之明鬥，遂用器物和食物與之交換武器並將社番分置於各庄，待其武器交換殆盡，反而受制於漢人。嘉慶十一年時，宜蘭地區發生漳泉械鬥，潘賢文等與泉人合作抗漳，結果失敗。土地爲漳人所奪，於是遷往羅東一帶開墾居住。嘉慶十四年，漳泉械鬥再度發生，漳人趁隙攻入羅東將潘賢文等逐出，據有羅東。潘賢文等於是轉往叭哩沙原野（今宜蘭縣三星鄉）一帶進行墾殖。

至此，流番集團之勢力似乎衰微。但根據嘉慶十五年四月時，浙閩總督方維甸於「奏請噶瑪蘭收入版圖狀」曾提到：「又有岸理社、阿里史社、阿束社、東螺社、牛罵頭社熟番遷居其中，荒埔尚未全墾。……熟番五社九百九十餘丁」〔註4〕。顯然此時的流番集團還未完全達到衰落的地步。甚至比較嘉慶九年時的流番集團而言，還有新加入牛罵頭、烏牛欄等社番。這顯示此次拓墾其實大有可爲，所以才有後續其他諸社番陸續遷移來此。只是經過一連串與漢人對抗之下，終究不敵漢人武力而逐漸敗退下來。於是又有一部份人回到原居地，一部份人則隨荒地的開墾而到處遷移。最後則定居於下列幾個地方：阿里史社全部移居至阿里史（今宜蘭縣三星鄉大穗、行健、拱照、萬德等村），阿束社全部移居至破布烏（今宜蘭縣三星鄉人和、雙賢等村），其他族社則移至叭哩沙（今宜蘭縣三星鄉月眉、義德、集慶、人和、雙賢、天

〔註1〕參閱洪麗完，《台灣中部平埔族：沙轆社與岸裡大社之研究》，台北：稻鄉，1997年，頁93。

〔註2〕馬賽並非中部平埔社群，而是北部平埔社群之一，應是潘賢文等進入宜蘭平原後，才與之匯爲一群。請參照洪麗完，《從部落認同到「平埔」我群意識——台灣中部平埔族群歷史變遷之考察（1700～1900）》，2003年，頁195。

〔註3〕其行走路線，由大甲溪進入東勢、卓蘭鎮交界處最低的山路，進入苗栗內山即大湖、獅潭、三灣一帶，過中港溪，上斗換坪，過竹東丘陵，在金門厝溪上游溪灘露營休息。在從關西、新埔之間經過，從桃園台地丘陵最高處，彎入復興鄉大料崁溪，最後進入宜蘭，由礁溪、員山鄉一帶進入平原，並直接來到五圍漢人正在開墾的地區。請參閱洪麗完，《從部落認同到「平埔」我群意識——臺灣中部平埔族群歷史變遷之考察（1700～1900）》2003年，頁195。

〔註4〕姚瑩，《東槎紀略》，台銀版台灣文獻叢刊第7種，1957年，頁73～74。

福、天山等村）〔註5〕。其中岸裡、東螺、北投等少數社人，因爲戶口飄零，不能成社，所以也混入阿里史社〔註6〕。關於各社移動過程可參考下表：

表十三　流居噶瑪蘭之西部平埔社群分佈表

社　名	移　　住　　地	移住當時戶數
岸裡社	五圍＜羅東街（後來者一部份歸原社）	
阿里史社	五圍＜羅東街阿里史＜三星庄阿里史	約一百八十餘戶
烏牛欄社	未詳	
北投社	五圍＜員山庄吧荖吻對岸（北城里？）	約二十五戶
阿東社	五圍＜羅東街＜阿里史＜三星庄	約一百五十戶
東螺社	五圍＜冬山庄九份	約二十五戶
大甲社	五圍＜蘇澳庄馬賽（不成社而歸原社）	
吞霄社	五圍＜蘇澳庄馬賽（不成社而歸原社）	
牛罵社	未詳	
馬賽社	五圍＜蘇澳庄馬賽及三星庄	

【資料來源】張耀錡，〈平埔族社名對照表〉，《文獻專刊》2卷1期，台北：省文獻會，1951，頁1320。

根據詹素娟所做宜蘭地區研究指出，日治初期仍有所謂叭哩沙熟番或阿里史熟番的存在〔註7〕。且根據日治時期之戶口調查，其熟番人數都還維持有一千餘人左右〔註8〕。這似乎顯示流番集團在宜蘭一帶之開墾不能算是失敗。而且從其研究中發現，叭哩沙熟番在歷經數十年的發展之後，已經發展出獨特的生存模式〔註9〕。雖然這其間可能歷經一些淘汰的過程；有些社群無法適

〔註5〕洪敏麟，《臺灣舊地名之沿革》第一冊，台中：省文獻會，1980年，頁439～441。

〔註6〕詹素娟，〈邊緣與中介——「熟番」族群角色初探〉收錄於《族群意識與文化認同——平埔族群與臺灣社會大型研討會論文集》，台北：中研院，2003年，頁210。

〔註7〕雖然詹素娟沒有明確指出阿里史熟番是否爲西部平埔社群後裔，但從行文中幾乎可以確定其所指的即是當時西部平埔社群後裔無誤。

〔註8〕詹素娟，〈邊緣與中介——「熟番」族群角色初探〉收錄於《族群意識與文化認同——平埔族群與臺灣社會大型研討會論文集》，2003年，頁212。

〔註9〕由於熟番所存在地域介於生番與漢人之間，所以成爲其間往來之交易對象。尤其是對生番而言，熟番的存在，提供其不易取得的鐵器、槍枝、鹽等必須物品。也因爲交易頻繁，生熟番之間之婚姻來往關係亦甚爲頻繁，然而其婚

應而歸回原社發展。但大體而言，這次的境外遷移或許小有成功。

從文獻上的記載，整個移墾集團中，岸裡社群爲主要份子。主要原因在於這次行動的領導人潘賢文屬於岸裡社群，而且遷移路線從東勢出發，亦屬於岸裡社群的原始社域。筆者以爲，潘賢文能領導這樣的移墾集團，應與當時中部平埔社群之間平時密切互動有關〔註 10〕。另外，屯番制的建立則是更加深其中的相關性。屯番制的實施，不但加強原先就存在的中部各社群之聯繫，此外亦使得原本不屬於大肚番王統治下的其他社群，也因屯制的實施而有了聯繫。

從此次的移墾來看，顯然這次的移墾已做好決心的準備。因爲從相關資料來看，這次的遷移有不少屬於家族性的遷移〔註 11〕，所以在資料記載上是以戶數作爲統計資料。相對於埔里的遷移，埔里地區一開始的遷移是先以男性爲主的試探性移墾爲主。所以在契約中會見到查某份的土地分配以獎賞隨墾而來的六名北投社女性。所以可以推測，這次的遷移，潘賢文等社番應當早已做好遷移的準備，甚至對於後山的情況有一定的瞭解，而所謂的「犯法懼捕」，應當只是一個引爆點，促使這次遷移的進行而已。另外，此次的遷移行動成功與否，應當影響了道光年間的遷移埔里行動。從資料上來看，我們可以發現，遷移埔里的活動顯得較爲謹愼而時間拉長。

姻來往主要是生番婦嫁做熟番妻。顯示在熟番的族群意識中，其地位高於生番一等。請參閱詹素娟，〈邊緣與中介——「熟番」族群角色初探〉收錄於《族群意識與文化認同——平埔族群與臺灣社會大型研討會論文集》，2003 年，頁 205～216。

〔註 10〕如就史料記載來看，潘賢文因犯法懼捕而率眾逃離。這樣的說法顯然不能解釋潘賢文如何能領導這樣龐大的移墾集團到後山去。況且到後山之後，潘賢文在當地的角色卻成爲幫助官方平亂，維持治安的一方，跟罪犯的角色有明顯衝突。筆者以爲，早在荷蘭時期以前，原先在大肚番王下所建立的互動關係，是其能領導中部諸社群向後山遷移的關鍵之一。雍正九年大甲西社事件後，岸裡社由於其義番的角色助官平亂；而原先領導中部各社之大肚社群則因叛亂關係勢力衰微，岸裡社群因此取代原先大肚社群勢力並崛起成爲中部各社中最有影響力的社群。

〔註 11〕根據阿里史社的口傳：「有一老番，名巴哈沙布新（Vahashpsin）者，現年七十八歲（光緒二十三年），在其七歲（道光九年）時，自臺中平原之阿里史社，隨從同社番人，經由淡水險峻山路，入住噶瑪蘭數年，及其再回舊社，則全社已經移住埔里社平原矣。因此該番老人乃由竹仔溪，經龜仔頭，沿南港溪，而入埔裡社之平原。……」請參閱溫吉編譯，《臺灣番政志》，台北：省文獻會，1957 年，頁 304～305。

北投社在宜蘭拓墾的行動中，基本上只扮演著跟隨者的腳步。就這次的遷移活動，北投社為何會加入？如何加入？到宜蘭之後的發展為何？這些都是筆者想要瞭解的。就目前所見，北投社參與此項遷移行動，適逢其社也從「番社內」遷移到內木柵一帶。或許內木柵的環境不如原居地理想，再加上因各社之間的聯繫頻繁，使得北投社有一部份社番決意跟隨岸裡社向境外移墾。然而就境外移墾而言，其實是充滿不安全感與不確定性的。因為境外移墾意味著將走出安全勢力範圍外，面對的是移墾路途中，生番隨時出草以及移墾時將會面臨的與其他族群之競爭。北投社會答應參與此次的移墾，是否表示主導的岸裡社給予其安全的保證或是有完善的規劃？這值得在日後做更進一步探討。

此外，根據上表所載北投社戶數約有 25 戶。如果就單一北投社人數約一百餘人（以 25 戶乘以 4 人計算）遷移到宜蘭拓墾而言，這也是一大數目。所以筆者認為，南投、貓羅萬斗六等社應有一些社番加入此移墾集團的行列，因人數不多或關係相近而被歸為北投社下。此外，似乎北投社在宜蘭定居之後就沒有回歸到原社。而其他如岸裡、大甲、呑霄等社都有記載因成社不成而歸回原社。這是否表示北投社在宜蘭的拓墾，基本上是較為成功的，所以並沒有回到原居地？但除此之外，似乎北投社於第一次行動時有跟隨外，再也沒有後續的北投社番跟著進入宜蘭平原發展。又似乎顯示到了宜蘭平原之後，其發展似乎不順且與原鄉失去聯絡，究竟情況如何？值得探究。

從嘉慶九年遷移噶瑪蘭之後，一直到道光三年以前的十八年之中。中部各平埔社群遷移活動似乎又轉往個別性的境內遷移與發展。然而隨著漢人逐漸擴及各社群之社域。中部平埔社群在面臨社域逐漸縮小的情況下，不得不再試圖往境外發展。道光三年是個特別的一年，中部平埔社群再度於這年結合起來，試圖向外進行墾殖與發展。首先，由岸裡社發起移墾活動，試圖到「有界內山後東南勢溪頭茅埔壹所原為社番打牲捕鹿之區」進行墾殖的活動。

根據「公議同立合約字」（以下稱公議字）所載，由岸裡社群發起十四社聯合簽訂公議字將「有界內山後東南勢溪頭茅埔壹所原為社番打牲捕鹿之區」開放由各社抽撥壯番自備資斧開墾。茲將公議字〔註 12〕全文刊載於下：

為公議同立合約字岸西社原通事潘阿沐土目潘德慶岸裡社總通事阿沐都滿貓羅社通事田成發土目徐明源隘丁首李甲蚋　南水二社通事

〔註 12〕請參閱劉枝萬，《南投縣沿革志開發篇稿》，1958 年，頁 39～41。

轆仔球土目阿眉錦烏肉武厘業户貴仔龜律上港烏義中北社通事大宇漢泰社主烏鴉九土目愛箸武澤南投社通事吳天送隘丁首潘八阿里史社總隊目潘后肉原通事潘仕安原屯弁阿四老六萬潘萬成北投社通事余猫尉土目金龍原屯弁乃猫詩羅良淡連順社主朗買奕蕭榮猫霧揀社通事高光湖阿六萬興土差蒲氏政六萬成拾捌另雲社副通事潘文格打必里古老翁仔社土目潘信文、貴秀烏牛欄社土目阿打歪斗肉、阿四老該旦茅達麻裡蘭社土目潘秀元朴仔籬等社土目阿沐阿都奴等切聞自古聖王重民五教惟食爲先沐等各社番黎僻處臺灣荷蒙皇仁入版圖所有草地歸番掌管聽番開墾或招漢人佃定納大租以充贍養于乾隆五十三年社番隨軍有功設立屯丁界外山埔歸屯墾種劃定屯額收管屯餉而屯租寔在缺額無如番性愚昧易瞞易騙而漢佃乘機將銀餌借所有各社番田園俱歸漢人買贌迨盡其大租又被漢佃侵佔短折隘糧屯餉有名無寔隘番屯番捐腹赴公飢寒交迫逃散四方沐等會集各社通事土目酌議欲爲社而安居先爲番謀食爰相邀四處尋踏有界内山後東南勢溪頭茅埔壹所原爲社番打牲捕鹿之區地坦土膏堪開闢資生以裕口糧以補屯租缺額是以鳩集公議各社抽撥壯番自備資斧往彼開墾除荊棘闢草萊俟開荒成田然後丈劃定額歸隘歸屯屯餉隘糧兩無虧缺則衣食有資可以策應奉公赴辦但恐各社番丁眾志不一爭長競短始勤終怠爰是公同議立合約凡我同約番親需當約束本社番黎竭力開墾創所有開墾成田成園按照各社番丁口灶丈量均分毋許侵入内山擾動生番毋許恃強凌弱毋許引誘漢人在彼開墾毋許傭雇漢人在地經營若有不遵鳴眾革逐倘有公事應費銀元議約公同墊出付頭目之番使費不得退悔恐口無憑同立合約字拾肆紙壹樣付各社通土各執壹紙存炤

道光參年正月　　　　日立公議各社約字

土目　阿清　　　　原通事潘阿沐
阿東社通事大霞敦通事　　　　田成發
業户大霞敦　　　　六仔求
阿罩霧社隘首陳國安　　　　潘萬成

潘后肉　　吳天送　　朗買奕　　阿四老六萬
阿沐都滿　　羅良　　潘仕安　　高光湖
蕭榮　　乃猫詩　　余猫尉　　打必里古老

潘八	潘文格	潘貴秀	愛箸武厘
大宇漢泰	阿打歪斗肉	上港烏義	潘德慶
阿四老該旦	阿眉	徐明源	潘茅遠
林斗六	原仔龜律	阿沐阿都奴	滿發輝
烏肉武厘	浦氏政	烏義天賜	阿眉錦
阿六萬興	清源	大宇荖仔	打必里茅格
潘信文	潘秀元	阿六萬	金龍
李甲蚋	打必里古乃	淡連順	愛箸武澤
愛箸萬興			

筆者以爲茅埔之地，應當在今台中縣太平市一帶，關於其推論請參考附錄五。然而此次遷移的計畫，似乎在此份契約簽訂後就停止了，原因爲何？是因爲社群之間起了衝突嗎？或是此區適逢生番出草而無法進行墾殖？或是因爲接續而來的埔里大遷移更有開拓性而乾脆放棄了到茅埔的移墾？

不過相較於拓墾茅埔之議，另一拓殖活動卻可能同時展開，而拓墾的地點在埔里地區。根據洪麗完研究，道光三年入墾埔里者應有兩批；一爲越界私墾，一爲受埔社邀請移入者。而其中越界私墾者，時間應當早於第一批受埔社邀請而移入者〔註 13〕。關於越界私墾，是指猫羅社通事田成發、北投社已革通事余猫尉、已革屯弁乃猫詩等人，在道光三年時曾以招外社熟番以爲防衛的理由，向埔社求得荒埔墾種。但因之間的嫌隙，最後被水沙連社丁首蕭長發告發。依此次開墾的情形來看，田成發等人其實是求得埔社同意才進行開墾，不能說是私墾性質，或者用先墾則較爲恰當。比較値得注意的是，文獻中以爲此開墾是由漢人在背後操控，欲藉熟番招墾成功之後再伺機進入埔里〔註 14〕。究竟情況如何則不得而知？但可確定的是此次開墾，是由田成發等人主動向埔社求得荒埔進行開墾，而非如第二批受埔社邀請而來。並且在同年九月，鄧傳安來埔里視察時，即聞聲先遁，其原因可能並非越界私墾，而是因屯番身份擅離職守而畏懼之故。事實上，這批先墾者只是與後來受邀入埔熟番匯合在一起而非遁走。從鬮分名次總簿中，可以發現田成發、余猫尉、乃猫詩等人皆有列名其中。顯示這兩批不同性質的開墾者，最後一同從

〔註 13〕請參閱洪麗完，《從部落認同到「平埔」我群意識——臺灣中部平埔族群歷史變遷之考察（1700～1900）》，2003 年 7 月，頁 202～203。

〔註 14〕姚瑩，《東槎紀略》，1957 年，頁 35～36。

事開墾埔里的工作。從越界私墾埔里開始，北投社似乎開始領導整個遷移埔里的行動。

另外較值得可議的是，上述越界私墾的田成發、余猫尉、乃猫詩等人，亦曾共同參與公議字的簽訂。然而簽訂完後，卻往埔里進行墾殖。這或許可以解釋茅埔開墾的失敗，在於埔里的開墾環境可能比茅埔來的好。而且根據此次私墾埔里之組成份子來看，是以貓羅萬斗六、北投社等爲主。顯示在此時，貓羅萬斗六、北投社等已找到主動發展之契機。於是因緣際會下，田成發、余猫尉等社番選擇到埔里進行墾殖的工作，而退出茅埔的開墾行列。

第二節　埔里大遷移

道光三年二月十四日，以北投社爲領導的拓墾集團，因受埔社邀請而開始向埔里盆地進行遷移。這是中部地區最大規模的跨部落聯合遷移，不但參與社群最多，也是歷時最久及遷移總人數最多的。

清代初期，埔里盆地大抵包含三個族群系統：這三個族群分別是泰雅族系統、邵族系統跟布農族系統。清代文獻中被歸類爲北、中、南港番〔註15〕。而在歷史上，我們所稱埔里地區的開墾歷史，應當屬於邵族系統所有的領域，即位於烏溪跟濁水溪之間的「中港」區域。

康熙、雍正年間，在此區域內曾經有兩大社水裏社及埔里社（或稱埔社）〔註16〕同時領導水沙連地域其他諸社。雍正三年骨宗事件發生，其結果導致

〔註15〕泰雅族系統主要分佈在眉溪北岸，清代文獻中被歸類爲「北港」番。而邵族系統則分佈在烏溪跟濁水溪之間所謂「中港」番區域。布農族系統則主要分佈在濁水溪的中上游部分，在文獻中被稱爲「南港」番的區域。黃叔璥在《臺海使槎錄》中將水沙連地區分爲南北港兩區域，雍正四年骨宗之亂時，索琳則將水沙連地區分爲北、中、南港三區。此三區分法一直持續到道光26年。所以這裡將水沙連地區分爲北、中、南港三區敘述。相關論述請參考簡史朗等編，《埔社古文書選輯》，台北：國史館，2002年，頁16～24。

〔註16〕伊能嘉矩和劉枝萬將埔社番歸類爲布農族系統，後世一直沿用下來。但是根據黃大鏐的口述資料來看，埔社似爲邵族系統之一社。從文中可以發現埔社在日治時期還曾遺有公媽藍信仰，另外同時還與日月潭邵族有密切往來。另外從文獻中，中部平埔社群進入埔里地區開墾，與水社關聯極大，茲可證明埔社與邵族的關聯性。請參閱簡史朗等編，《水沙連埔社古文書選輯》，台北：國史館，2002年12月。但如果再做更早期的來源推溯，則邵族從何而來則又有疑問？依據劉枝萬所記錄布農族、邵族之口傳記錄，可發現布農族、鄒族都與邵族有一定的關聯性。兩者都有遷徙至日月潭的傳說，甚至布農族還有

兩社勢力開始逐漸衰落。乾隆五十三年，林爽文事件發生，許多漢人趁亂躲入埔里盆地。同時期，屯番制的實施，因屯番將所分配到之養贍地交與漢人租贌耕種，導致漢人移往內山地區開墾發展者漸多，埔里漸為漢人所熟知，這也導致後來郭百年事件的發生〔註17〕。

平埔社群遷徙埔里之緣由，一般認為是從郭百年事件開始，這裡略述郭百年事件的整個過程：嘉慶十九年，水沙連隘丁首黃林旺看到水沙連土地豐沃，遂與彰化、嘉義兩縣民人郭百年、陳大用和臺灣府門丁黃里仁聯合。假借當地已故的土目和通事名義，藉口當地番民因生活困苦、積欠番餉，希望

原為水社番，後歸為布農族卓社番之一氏族的傳說。另外一條資料，根據北投社番余芳的口述（劉枝萬 1958 年，頁 22），埔番與水社番有密切的嫁娶姻親關係。這或許可說明邵族的形成可能受到地理環境的影響，成為他族融合而成的新族群。如此埔番→邵族→布農族的起源歸屬或許可以成立。請參閱劉枝萬，《南投縣沿革志開發篇稿》，1958 年，頁 17。

〔註17〕郭百年事件之發生，絕非突然。而是歷史發展的一連串必然過程。根據文獻記載，水沙連地區早在康熙初年即為人所熟知，顯示很早即有漢人進入此區域。而稍後一連串事件之發生，導致於水沙連各社與漢人政權有更進一步的聯繫。一旦番社進入政權體制之下，則無非有更多漢人隨之進入水沙連地區從事各項活動。在嘉慶十八年所立的一個「同立給墾字」中可以看到水沙連社丁首黃林旺與當時水裏社化番土目毛天福（水沙連通事）的關係密切。

同立給墾字通事毛天福、社丁首黃林旺蒙理番憲恩充沙連社丁首額缺，內安撫番黎，外約束居民，管收各坑門山番租谷，以完縣中丁餉，散給番食口糧。今因濁水課埤，逐年溪水洪大，不虞損壞，恐其倍累課租，所有濁水山一帶樹木，不許諸人坎伐，如有違抗之人，不遵約束，定則稟官究治，此乃朝廷有關之要據。此山東至中寮坑，西至湳仔大坑，南至山腳，北至分水，四至明白俱載。現有濁水庄吳安然官向來給墾，時三面議定，即出給墾銀肆拾大員正，其銀即日交收足訖，其濁水連山一帶，任從吳安然前去掌管，栽種樹木，以防課埤損壞。日後不得生端滋事，此係二比甘愿，各無反悔，口憑無據，同立給墾約字壹紙執炤。

即日憑中收過給墾字內佛銀肆拾大員，完足再炤。

代筆人　蘇　水
為中人　陳　福
立給墾字人　通事　毛天福
社丁首　黃林旺

嘉慶拾捌年貳月　日

資料來源：劉枝萬，《南投縣沿革志開發篇稿》，1958 年，頁 126。

這份契字中，毛天福與黃林旺共同與吳安然立下給墾字，將濁水庄一帶山地（東至中寮坑，西至湳仔，南至山腳，北至分水）讓與漢人給墾。這顯示漢人在水沙連一帶之拓墾由來已久，唯拓墾行動一般仍是以漢番訂定契約為主，至於武力拓墾的行動雖不能說無，但規模較小不致引起太大事故。

知府准許他們把土地租給漢人耕作以改善生活。知府允許，並於次年給予墾照。嘉慶二十年，郭百年於取得墾照後，率領墾民千餘人從南路進入水沙連，先開墾社仔社埔地三百餘甲，再由社仔社入墾水裏社，墾地四百餘甲，然後再入墾沈鹿社，墾地五百餘甲。之後又以官方名義，率領一千多人前來埔番所在地開墾，埔番不准，於是發生衝突，兩者僵持不下。經過月餘，郭百年等佯稱欲退出埔社之地，並開出條件要埔番入山獵鹿茸來獻。卻趁埔番壯丁入山狩獵之際攻擊番社，大肆殺戮埔番老幼婦女，並燒毀房屋，掠奪財物，挖掘番墓百餘處以取得陪殉之刀槍器物。並且於佔領埔社之地後，大築土圍及木城共十四座以爲防備及拓墾據點。殘餘埔番經過此次事件後，退入內山或加入眉番。

事件一發生，官方曾派員來此調查，但調查的人謊稱是埔番與高山族之間的戰爭，且漢人是爲協助埔番，所殺者皆是高山族。嘉慶二十一年，官方得知事情眞相，決定驅逐水沙連地區漢人出境。在嘉慶二十二年審訊郭百年等人，並給予處分。同時派官員拆除水沙連地區之土城，並將埔社和水社漢人佃戶全部逐出，使各番回歸原社。並且在入埔的南北二路設立禁碑，嚴禁漢人入山〔註 18〕。

此次事件的結果，似乎是官方還給土番一個公道，然而詳細究查整個事件的結果。我們可以發現，郭百年事件的主事者們，並沒有受到多大嚴重的打擊〔註 19〕。郭百年僅被處以杖刑，而其他相關人士則無罪釋放。這顯然是官方對漢人的偏袒所造成。況且從種種史料得知，土番雖然回歸到本地，其人口及勢力卻無法恢復，顯現此次事件對埔番所造成的影響，遠超過史料所顯現的。

〔註 18〕請參閱姚瑩，《東槎紀略》，1957 年，頁 34～35。

〔註 19〕究查郭百年事件之主要事件人，黃林旺爲水沙連通事、社丁首，勢力雄厚。陳大用爲義首，曾參與平定林爽文、陳周全兩案，又曾以軍功四品職銜參與彰化縣城的興建。黃里仁爲台灣府門丁，與官府有密切關係。參見張環顯，《清代「埔里」的開發》，1992 年，頁 22。此外根據傳説，在八杞仙一帶從事開墾的張天球，有可能是郭百年事件的幕後主謀者。由張天球出資，黃林旺則負責帶領郭百年等人以集團暴力的方式入墾埔里。案發後，張天球亦曾疏通官府，對主事人從輕發落。顯現官府本身對於漢人的偏袒以及相互勾結的複雜情況。雖然史書上似乎對水沙連各社有了合理處置，然而事實上，這些主事者們依然在事件過後活躍在水沙連地區。侵墾的情況只是從表面化進入地下化的局面而已。參見林欣怡，《清代臺灣漢人社會的建立——以南投平林溪流域爲例》，2000 年，頁 52～53。

水沙連地域之北、中、南港三區勢力原本可以相互抗衡而維持穩定局面。如今中港番因郭百年事件而勢力大消，導致原本均衡勢力的消滅。自然引起南、北兩港番對中港地區的覬覦。尤其是北港番對中港番的威脅性最大，而中港番社在飽受威脅之下，急欲引進熟番來幫助其防衛北港番入侵，這導致中部平埔社群遷移埔里之契機。

關於中部平埔社群遷入埔里過程，目前已有多位學者做過討論，本文不擬贅敘，而將重點放在爲何是北投社領導此次遷移以及其遷移的過程如何？根據口傳，北投社番因入山打鹿偶遇水沙連社番，經由水沙連社番引介得以與埔社接觸，並經其允許而遷入埔里盆地。

北投社能領導此次遷移，依據洪麗完跟劉枝萬的說法是北投社因鄰近埔里盆地，率先有機會與當地原住民族群接觸〔註20〕。因此不僅成爲入埔先鋒，且爲入埔後的主要勢力〔註21〕。北投社由於地緣關係取得入埔的主導權，似乎爲主要關鍵。但筆者以爲北投社會在此次遷移成爲領導，不單是地緣關係上與埔里接近。而在社群關係上，也跟北投社與中港番素來保持良好關係有關。比較遷入埔里各社之口傳，其中北投社與烏牛欄皆有類似的遷移傳說。根據烏牛欄社口傳：

> 漢人一到西部臺灣，即侵佔我族之先住土地，影響我族之經濟生活。曾有一番入山捕鹿，遇一野番告知曰：此山中央有一平地，廣大而肥沃，即從其言，入山探視，果見一平原，當時有埔眉二社占住於此，我族乃驅逐二社番而奪取此地，此爲六七十年前之事，當時牽引我一族前來之頭人，名曰阿打歪萬。〔註22〕

而根據北投社口傳：

> 我族在六、七十年以前，原住彰化方面之北投社，嘗爲捕鹿入山，途遇水沙連番時，對該番言及所住平地，日爲漢人所侵佔，告以不能久居情形，即導引至其頭人（或曰頭人名天賜嬸）之家，請教對策，頭人即導引至埔社丘原，當時雖已有埔眉二番先住其地，然未墾之處尚多，草木繁茂實爲天與之佳地，我族人大喜，回社對同族

〔註20〕根據劉枝萬的說法，北投社番偶遇水社番之處在今天的北山坑附近。請參閱劉枝萬，《南投縣沿革志開發篇稿》，1958年，頁83。

〔註21〕請參閱洪麗完，《從部落認同到「平埔」我群意識——台灣中部平埔族群歷史變遷之考察（1700～1900）》，2003年，頁203～204。

〔註22〕請參閱溫吉編譯，《臺灣番政志》，台北：省文獻會，1957年，頁304。

告明此事，於是乃決定舉族移住此地。而先住二番亦已馴化，不爲抵抗，反因屢受其他野番襲擊，而由該先住二番防衛焉。同時移來之我同族南投社番，有名武住尼因（Vutsunegen）者，爲當時率引我族來此之頭人，初來時占今之大埔城東方四華里茄苳腳附近舊社之地（今尚有竹圍叢繞而無人居住，已變爲水田矣。）嗣後我同族相繼而來，乃分住距此東北方四華里五港泉之地，茄苳腳舊地今雖無人居住，而做爲南北投社開埔基業之地，祭祀祖先之儀式，即以此舉行爲例。自後約經過二十年而分住各地。〔註23〕

從兩個口傳來看，烏牛欄社進入埔里後並非與埔眉二社和諧相處，而是驅逐並佔據此地。以北投社爲主的開墾集團則是受埔社邀請而來。此兩種入埔情形截然不同，亦顯示北投社與埔社關係較爲良好密切。

此外，根據其他文獻記載；從荷蘭時期開始，北投社即與水沙連地區關係良好並有互相的來往。例如在西元一六四六年（清順治三年），北投社與日月潭一帶的水裏社（Serrieus），曾一同向荷蘭人控訴北鄒族的知母朥社（Tivora）對其騷擾〔註24〕。而在乾隆十六年番殺兵民事件中，亦可見到北投社與埔社亦有來往關係〔註25〕。這顯示北投社早與埔裡各社群有密切來往，所以當埔社欲招熟番入埔以爲防衛時，必然先找關係良好的北投社來負責策劃及領導入埔拓墾事宜。也由於關係良好，所以當余猫尉等社番率先主動向埔社要求荒埔以供開墾時，埔社應允。不過由於這次的開墾未有任何正式的契約簽訂，再加上有漢人「陰持其後」的疑慮。或許導致埔社乃決定主動邀請北投社等中部平埔社群進入埔里開墾，並簽訂正式的契約以防範漢人勢力的進入。

受邀遷移埔里之首批移住，可能開端於道光三年二月二十一日。首批移住者似乎皆爲北投社人，其移住應爲試墾性質。由於埔社要求，同時亦有北投社婦女六人同行前往，而此六名婦女亦分得「查某份」土地以爲獎勵〔註26〕。由

〔註23〕溫吉編譯，《臺灣番政志》，1957年，頁303～304。

〔註24〕請參閱康培德，〈荷蘭時代大肚王的統治與拍瀑拉族族群關係再思考〉，2003年，頁5。原文請參閱江樹生譯著，《熱蘭遮城日誌（二）》，2002年，頁530。

〔註25〕北投社通事三甲唆使同父異母之兄葉福及生番老茅入山招生番出草殺人。葉福因係漢人不能進入生番之地，故留在埔社等候消息。由此可知其時北投社與埔社之來往已極密切。請參閱《臺案彙錄己集》，1997年，頁217。

〔註26〕劉枝萬，《南投縣沿革志開發篇稿》，1958年，頁64。

於此次試墾成功，開啓後續中部各社群大批移入。

整體而言，道光三年移墾規模極小，以致於鄧傳安於道光三年九月來埔里視察時，只有「熟番聚居山下者二十餘家」〔註 27〕，顯示當時還處於試墾階段，未有大批平埔社群移住。道光三年以後，中部平埔社群開始分批入埔開墾，而遷移活動一直到咸豐年間仍在進行。不過仍以道光年間之活動較爲詳細，且規模較大。關於入埔後之土地分配，可以參考鬮分名次總簿〔註 28〕或下表及附圖二十：

表十四　分墾蛤美蘭鬮分名次總簿中之土地分配

年代(西元)	分割部分	分割社名
道光三年（1823）	守城份、柚仔林一帶，並以覆鼎金一部分充爲公存社場宅地	萬斗六、猫兒干、阿束、猫霧捒、南大肚、北大肚、水裡、岸裡、日北、朴仔籬、西勢尾、烏牛欄、北投、南投、柴坑仔、眉裡
道光五年（1825）	覆鼎金東部五索份埔地，以北投社居多，其餘所得無多	北投、史社（阿里史）、南投、柴裡、日北、萬斗六、大肚、西勢尾、柴坑、阿束、水裡、東螺
道光七年（1827）	由四大份撥出柚仔林之地讓給東螺社（包括阿束社一份），共 81 份	（四大份疑爲萬斗六、大肚、阿里史、北投等四大鬮）
道光十一（1831）	覆鼎金東部四索份埔地，每年需繳租粟五斗，以爲關帝爺祝壽之費	北投、史社（阿里史）、阿束、大肚、柴裡、猫裡、東螺、水裡、朴□、猫兒干、萬斗六、日北
道光十一年（1831）	史老塌埔地	北投、萬斗六、猫兒干、阿束、大肚、東柴里、阿里史、南投、草地主

【資料來源】鍾幼蘭，《平埔族群與埔里盆地——關於開發問題的探討》，頁 118。收錄於劉益昌、潘英海編，《平埔族群的區域研究論文集》。

北投社在入埔的過程中，其扮演的角色從以往的配角而成爲主角。關於北投社處於領導地位的情況，我們可以從《思保全招派開墾永耕字》〔註 29〕、

〔註 27〕轉引自劉枝萬，《南投縣沿革志開發篇稿》，1958 年，頁 141。

〔註 28〕依據劉枝萬的推論，現存「分墾蛤美蘭鬮分名次總簿」，應非完本，而是僅抄錄與北投社有關之部分，故所見內容與北投社有極大關連。劉枝萬，《南投縣沿革志開發篇稿》，1958 年，頁 81。

〔註 29〕劉枝萬，《南投縣沿革志開發篇稿》，1958 年，頁 43～45。

《望安招墾永耕字》〔註 30〕、《承管埔地合同約字》〔註 31〕等相關文書中看出。這三個文書中所列之中部平埔社群，皆以北投社爲開始，顯示其爲入埔主要關鍵。而北投社番在入埔之後，由於其社的領導地位，所以掌理埔里各項事宜的主要人物幾乎皆由北投社番擔任。其間產生重要人物如巫春榮任埔眉二社正通事〔註 32〕，余清源任東角總理及總社長〔註 33〕等。但由於埔里盆地有北投社以及岸裡社群等分據南北兩面各爲領導，所以也導致後來南北拼之局面產生。

第三節　結　語

北投社儘管大部分移入埔里盆地，但從古文書來看，北投社一直到清末都應當還有社番留居在內木柵一地。前文提到，北投社在原社域中，不停的面臨被動（實質社域的縮小）與主動（遷移）的過程。在面臨境內遷移越來越不可能的情況下，不得不試圖找尋境外遷徙之可能性。於是嘉慶九年，有一部份社番先與岸裡社等中部各社群聯合到蘭陽平原尋找生存發展的可能性。此次遷移的結果或許不盡理想，留居於內木柵地區的社番只得在原社域內試圖保有其生存領域。然而，隨著土地不斷的賣出，生存空間仍然縮小。北投社在道光年間不得不試圖向外找尋新的生存環境。而道光三年埔里的遷移，可說是北投社在遷移行動上的完結。遷移到埔里之後，於其後的文獻上我們未見到再有任何的境外遷移行動發生。顯示埔里遷移的結果是成功的。而且平埔社群在此生活了數十年後，才有漢人勢力進入埔里盆地。

北投社在此地的生活可說是全新的局面，其成功必須歸功於北投社與水沙連地區素來保持良好關係有關。它擁有鬮分最多的土地並且掌握了埔里開墾的領導權，這是以往北投社在中部各社群中所從來沒有享受過的。在埔里盆地，它至少在初期取代了以往岸裡社領導中部各社群的地位。這樣的局面也導致產生幾位重要的人物，如巫春榮、余清源等。他們掌管了埔里盆地的發展與變化，卻也因爲其對自身社群的偏袒而導致了南北對立的局面出現。而其影響力，一直到了咸豐以後，漢人勢力再度進入才逐漸減弱。

〔註 30〕劉枝萬，《南投縣沿革志開發篇稿》，1958 年，頁 46～47。
〔註 31〕劉枝萬，《南投縣沿革志開發篇稿》，1958 年，頁 49～53。
〔註 32〕劉枝萬，《南投縣沿革志開發篇稿》，1958 年，頁 311。
〔註 33〕劉枝萬，《南投縣沿革志開發篇稿》，1958 年，頁 314、315。

由於本文主要探討北投社境外遷移之發展過程，故時間斷限以道光三年入墾埔里爲止。同時北投社於道光三年入埔之後，其發展亦進入一種的新階段。它面臨的不是社域的變遷問題，而是如何在埔里盆地維持其領導的地位。關於北投社入埔以後的種種發展，筆者將於日後做更進一步之探討。

附圖十九　清朝中晚期水沙連地區族群分部圖

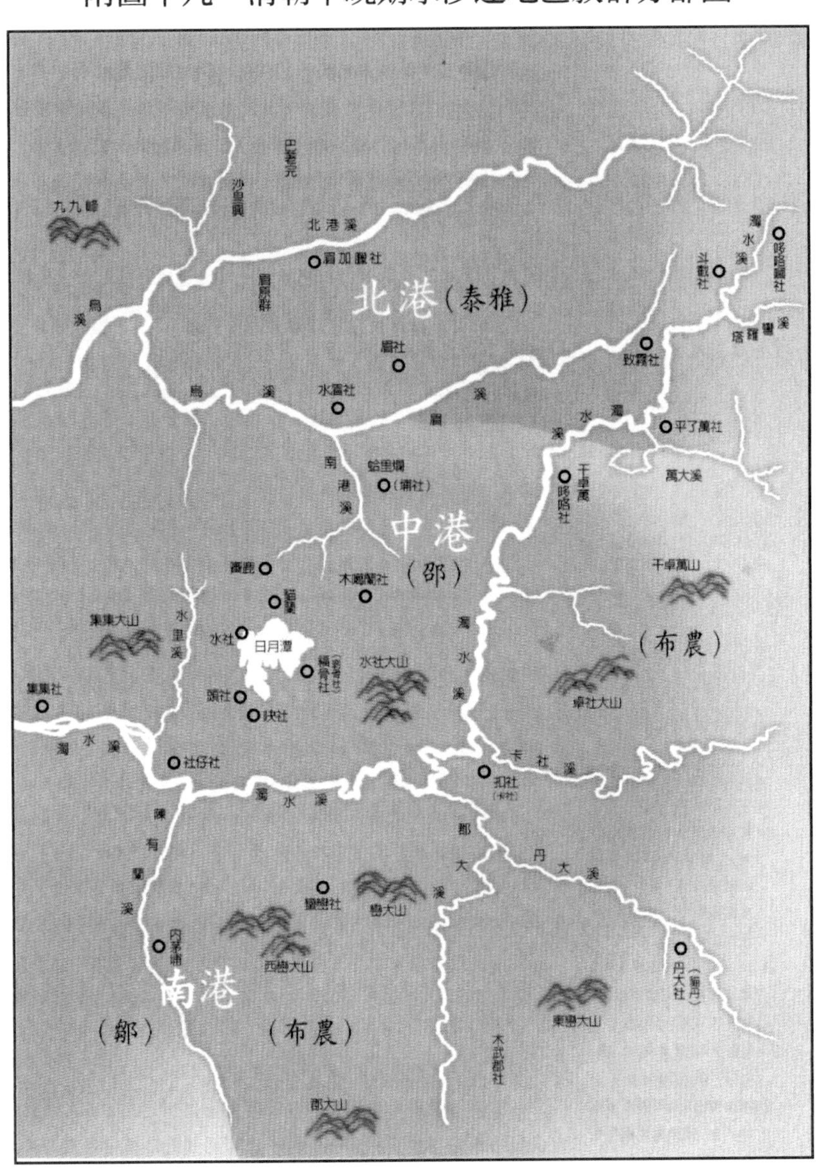

【圖片來源】簡史朗等編，《水沙連埔社古文書選輯》，2002，頁 25。

附圖二十　平埔入墾埔里盆地時間進程／土地鬮分圖

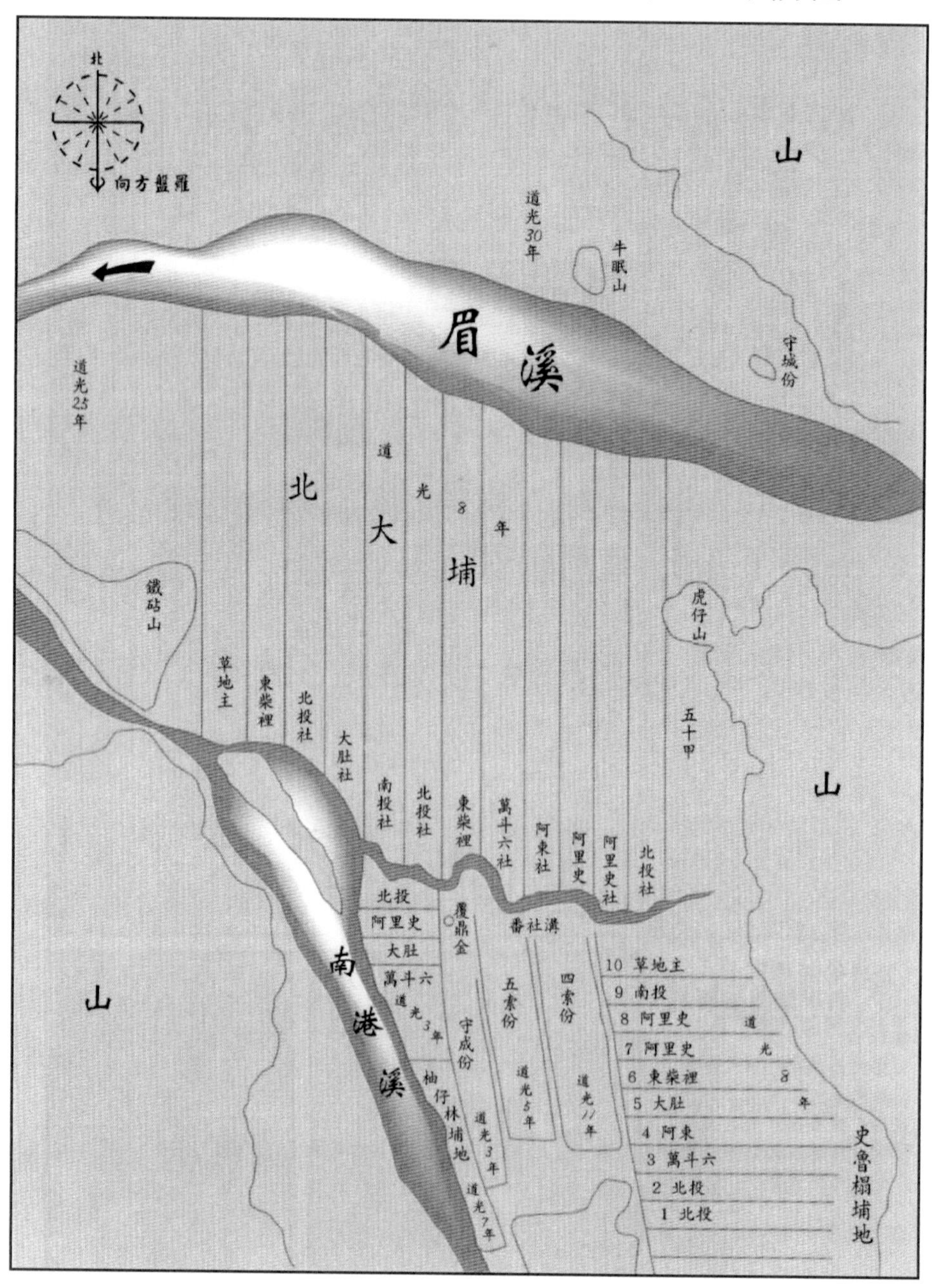

【圖片來源】簡史朗等編，《水沙連埔社古文書選輯》，2002，頁44。

第五章　結　論

如同在預期成果所提的，本文希望達成兩項主要目標：第一，藉由相關文獻資料的收集與整理，期許本文能成為未來北投社相關研究的基本資料庫。同時藉由初步的整理分析，試圖建構北投社歷史圖像。第二，筆者以為社史的研究必須從基本做起，社址社域的建立是其中的一項工作。本文希望重建北投社社域並討論其變遷過程與原因。藉此可以釐清與鄰近各社關係及漢人入墾社域後變化情形。以下我們就各章節所得之結論分別敘述：

首先，在第二章，筆者試圖依據北投社社域之自然環境以及考古學研究，得知北投社在史前時期可能的生活方式。因自然環境關係，北投社生活方式大約與台中盆地各社群相類似，而與沿海各社群有些微不同。其不同點在自然環境的依賴上；一個靠山為生，一個靠海為生。然而兩者之間有密切的來往關係，這關係不僅在交換網絡上，同時也導致兩區域間有某些相類似的文化現象，如「走鏢」即是一明顯例子。

筆者在初步的文獻整理過程中，逐步形成對北投社社史的基本概念及架構，這其中包含關於北投社的生活，社群之間的往來關係，北投社曾發生的歷史事件以及官方政策上對北投社之影響等等。其中關於北投社的生活，本文探討頗多，大致已包含一般的食衣住行及宗教祭儀、語彙等等。而社群之間的往來關係則散見於本文各章節之中，目前可知中部各社群早在史前時期開始即有頻繁的互動。不過較令人注意的是 Arikun 社群之間的集體採食行為，是否在當時的中部社群中為一普遍的現象？值得探討。關於北投社的歷史事件，則點出北投社與其他中部社群的不同之處。當中部各社群都因為官方或漢人的壓迫而起來反抗之時。北投社在歷史事件中所扮演的卻是一個順服的角色。它助官平亂，即使受到漢人壓迫，也寧願採取告官的方式而不是以武力解決。而其順服的理由，可能在於歷來即處於被統治者的角色，而其順服的態度亦能獲得官方的回饋所導致。在官方的政策上，最能看出影響北投社的即在於社學的實施上。雍正十二年的普遍設立社學，北投社將其受到漢文化的影響，表現在古文書的簽訂以及改漢姓上。在古文書的簽訂上，可以看到乾隆年間已有北投社番爲代筆人，顯示社學的設立有一定的成果。而北投社改漢姓之情況，也比乾隆二十三年頒佈改漢姓之政策來得早。社學的設立，必然帶來異文化的衝擊。由於北投社一直以來處於順服的態度，相對的，對於外來文化的接受度較高，所以筆者以爲北投社較其他中部社群而言，更容易受到漢文化的影響。但這影響究竟是好是壞仍有待進一步探討。

然而，想要重建北投社歷史圖像，目前所得資料仍顯得不足。要重建歷史圖像，除了需要更多的資料發掘外，我們還需要透過其他鄰近社群之文獻紀錄以及各種相關調查報告。更甚者，筆者以爲相關學科對於原住民理論與研究成果。都需要拿來運用在對現今文獻紀錄上的分析與探討，並以此來試圖合理的復原北投社各種生活樣貌。筆者以爲，北投社歷史圖像復原有其必要性，這是臺灣文化的其中一環。然而要如何復原？卻是有待更多的資料以及相關學科的幫助，才能得以深入北投社各個層面，進而復原出較爲眞實而連續的生活圖像。歷史是無限地想像，運用想像與史料，可望在未來重建北投社歷史圖像。

第二，本文在第三章探討北投社社址及社域變遷。關於北投社社址的變遷，北投社從文獻上可以得知至少在清代有三次的遷移。第一次在北投埔（稱爲舊社），第二次遷移到番社內（稱爲新社），第三次則到了內木柵一帶居住。原始游耕部落原本即會在其社域內進行遷移游耕的行動，而北投社亦當如此。所以早在歷史記載以前，已不知在此地進行過多少次遷移。然而進入清代後，由於漢人逐漸進入並佔有其土地。自由遷移行動竟漸漸成爲不可能之事。所以入清之後，有跡可尋者只有遷移三次之紀錄。其中第三次遷移到內木柵一帶，更是因受漢人佔墾土地之故而被迫遷移。而此時之遷移過程亦代表著北投社域的逐步西退與東移。不過前面二次遷移，可說是整個社的遷移，第三次能不能視爲遷社還是問題。原因在於此次遷移可能只有一部份社番遷移至此，因爲同時還有一批社番隨著岸裡社群遷移到宜蘭平原。但可確定的是，內木柵一地應該是北投社在社域內最後生存之地。因爲一直到清光緒年間，此地都還有北投社番的直接地權存在〔註1〕。

根據初步的整理，大致可以推論北投社在名義上曾有過最大的社域範圍；東到今土城平原與烏溪溪谷區之交界地，西到八卦台地東麓邊緣，南抵猫羅溪與平林溪交界處，北至烏溪爲界。藉由社域之界定，可以瞭解北投社與鄰近南投社與貓羅萬斗六社之關連。大致上，北投社與南投社有密不可分之關係，甚至有血緣親屬關係。所以在社域分佈上，這兩社有相互重疊共有情形。而與貓羅萬斗六社關係則較爲疏遠，在社域分佈上，兩社之間有明顯之界線存在，且並無社域重疊共有之情形。此外，從自然地理環境看這三社社域分佈，大致可以看出一個社的主要活動範圍，仍以平原爲主。縱使有進入山區活動，亦是沿著河谷進行。可見一個原始民族在社域及社址的抉擇上，在相同自然環境上有相同的模式。

探討北投社社域範圍，還可以藉此瞭解北投社社域土地的利用模式。大抵而言，北投社社域的土地利用模式如同邵士伯所提，由內向外依序是 1. 村落　2. 村落耕地　3. 漁獵採集地　4. 與其他部落共有之狩獵地、荒地或鄰近村社所有地。而其分佈則非同心圓模式，反而呈現半圓周帶狀，原因在於北投社西緣緊鄰猫羅溪與猫羅萬斗六社相鄰，猫羅溪遂成爲兩社漁獵之地。往東則番社內一帶爲北投社番耕種之地，而草鞋墩、新庄、石頭埔一帶則是平原狩獵及游耕之地。再往東則林仔頭、山腳沿匏仔寮、牛屎崎一帶應屬於山林狩獵及採集之地。至此爲北投社早期所能直接管轄之地。再往東如北勢湳、土城、坪頂，往南到樟平溪流域等則屬於與其他部落共用之狩獵及採集之地，如土城平原、坪頂台地曾爲泰雅族之活動範圍。而樟平溪流域則爲與南投社之共有地。

北投社原始社域大抵東到隘寮與泰雅生番爲界，西到猫羅溪，北到烏溪與貓羅萬斗六社爲界，南到樟平溪一帶與南投社共有。乾隆年間，隨著隘寮的設立與保護，北投社社域逐步向東拓進，內木柵一帶已成爲社域範圍。乾隆五十三年番屯制的實施，北投社社域擴展到了土城平原一帶。然而實際掌握此地控制權則要到嘉慶年間才得以完全掌控。而北投社域在擴大的同時，烏溪沖積扇平原的土地也幾乎只剩下名義上的地主權。在東擴的過程中，北

〔註1〕洪敏麟老師指出，一直到日治時期，此地都還有北投社番的地權存在。而且到日治時期，此處都還有北投社番從埔里回來收取大租的情形。

投社在實質上也喪失隘寮以西的土地。這一進一退，帶動了整個實際社域的東移。

第三，本文在第四章裡探討北投社的境外遷移。嘉慶年間，北投社在被動與主動的過程中，遷移到了內木柵一帶居住。同時，亦有一部份社番與中部各社群聯合組成一支龐大的移墾集團，越過中央山脈到達宜蘭平原進行拓墾。內木柵即使漢人進入緩慢，卻終究慢慢導致北投社域的消失。於是，北投社不得不再度找尋其他的生存空間。北投社除了跟著岸裡社群領導而遷移至噶瑪蘭外，於道光三年還分別參加「公議字」的簽訂以開墾茅埔，以及由猫羅社通事田成發、北投社屯弁余猫尉等率領先墾埔里盆地。茅埔之開墾不知何原因無疾而終？而埔里先墾之行動因被視爲有漢人陰持在後之疑慮而告失敗。但是同年由北投社領導並簽訂契約之埔里拓墾集團，卻成功的開啓往後進入埔里盆地生活的大門。

道光三年埔里的遷移，可算是北投社在遷移行動的完結。其成功必須歸功於北投社與水沙連地區素來保持良好關係有關。至此，北投社於埔里盆地展開了不同於以往的新生活；它擁有鬮分最多的土地並且掌握了埔里開墾的領導權，這是以往北投社在中部各社群中從來沒有過的際遇。這樣的局面也導致產生幾位重要的人物，如巫春榮、余清源等。他們掌管了埔里盆地的發展與變化，卻也因爲其對自身社群的偏袒而導致了南北對立的局面出現。而北投社的影響力，一直到了咸豐以後，漢人勢力再度進入後才逐漸消失。

在時間的長河裡，北投社無時無刻在變化著，從荷蘭時期、清領時期到日治時期的文獻記載中，我們看到了北投社不同的風貌。它不斷的在調整與適應當中努力求取生存的機會。從文獻記載中，北投社逐漸邁向漢化或涵化的過程；它必須改變自身的社會結構、傳統思維以及適應不同的生業環境。而在面臨社域不斷的縮小過程中，它必須在被動中以主動方式求取生存的可能性，所以導致北投社必須進行一連串的境外遷移，而埔里的遷移則是一個遷移行動的完結。

北投社的後裔至今仍存在於埔里盆地當中，儘管在漢人社會中他們逐漸隱沒。然而其血液仍不斷流在後人的血脈中，生生不息。埔里盆地是一個值得研究的地方，筆者相信在未來的研究中，想要更完整重建北投社的歷史圖像，必須在埔里地區從事長時間的田野調查。這也將會成爲筆者未來繼續研究的課題。

參考書目

一、史料及專書（依筆畫排列）

1. 《清代臺灣大租調查書》，台銀版台灣文獻叢刊第 152 種，1963。
2. 《清史稿臺灣資料集輯》，台銀版台灣文獻叢刊第 243 種，1968。
3. 《雍正硃批奏摺選輯》，南投：省文獻會，1996。
4. 《臺案彙錄甲集》，台銀版台灣文獻叢刊第 31 種，1959。
5. 《臺案彙錄己集》，台灣歷史文獻叢刊，南投：省文獻會，1997。
6. 《臺案彙錄壬集》台灣歷史文獻叢刊，南投：省文獻會，1997。
7. 《臺灣私法人事編》，台銀版台灣文獻叢刊第 150 種，1962。
8. 《臺灣私法物權編》，台銀版台灣文獻叢刊第 150 種，1962。
9. 《臺灣府輿圖纂要》，台銀版台灣文獻叢刊第 181 種，1963。
10. 王世慶編，《台灣公私藏古文書彙編影本》，中央圖書館台灣分館藏影本。
11. 白棟樑，《平埔足跡》，台中：晨星，1997。
12. 白棟樑，《烏榕頭與它的根——太平市誌》，台中：太平市公所，1998。
13. 石璋如等，《南投文獻叢輯（四）》，南投縣：文獻會，1956。
14. 江樹生譯著，《熱蘭遮城日誌（二）》，台南：台南市政府，2002。
15. 余文儀，《續修臺灣府志》，台銀版台灣文獻叢刊第 121 種，1962。
16. 李壬癸，《台灣南島民族的族群與遷徙》，台北：常民文化，1998。
17. 李壬癸，《臺灣原住民史——語言篇》，南投：省文獻會，1999。
18. 沈景鴻、莊吉發等編，《清宮月摺檔臺灣史料（一）》，台北：故宮，1994。
19. 沈景鴻、莊吉發等編，《清宮月摺檔臺灣史料（二）》，台北：故宮，1994。
20. 沈景鴻、莊吉發等編，《清宮月摺檔臺灣史料（三）》，台北：故宮，1994。

21. 沈景鴻、莊吉發等編，《清宮月摺檔臺灣史料（四）》，台北：故宮，1995。
22. 沈景鴻、莊吉發等編，《清宮月摺檔臺灣史料（五）》，台北：故宮，1995。
23. 沈景鴻、莊吉發等編，《清宮月摺檔臺灣史料（六）》，台北：故宮，1995。
24. 沈景鴻、莊吉發等編，《清宮月摺檔臺灣史料（七）》，台北：故宮，1995。
25. 沈景鴻、莊吉發等編，《清宮月摺檔臺灣史料（八）》，台北：故宮，1995。
26. 沈景鴻、莊吉發等編，《清宮諭旨檔臺灣史料（一）》，台北：故宮，1996。
27. 沈景鴻、莊吉發等編，《清宮諭旨檔臺灣史料（二）》，台北：故宮，1996。
28. 沈景鴻、莊吉發等編，《清宮諭旨檔臺灣史料（三）》，台北：故宮，1996。
29. 周元文，《重修臺灣府志》，台銀版台灣文獻叢刊第105種，1961。
30. 周鍾瑄，《諸羅縣志》，台銀版台灣文獻叢刊第141種，1962。
31. 周璽纂修，《彰化縣志》，台銀版台灣文獻叢刊第156種，1962。
32. 林美容，《草屯鎮鄉土社會史資料》，台北：台灣風物雜誌社，1990。
33. 金良年，《姓名與社會生活》，台北：文津，1990。
34. 姚瑩，《東槎紀略》，台銀版台灣文獻叢刊第7種，1957。
35. 洪英聖，《畫說乾隆臺灣輿圖》，南投：文建會，1999。
36. 洪敏麟，《台灣堡圖集》，台中：省文獻會，1980。
37. 洪敏麟，《臺灣舊地名之沿革》第二冊，台中：省文獻會，1983。
38. 洪敏麟，《草屯鎮誌》，南投：草屯鎮誌編輯委員會，1986。
39. 洪麗完，《台灣中部平埔族：沙轆社與岸裡大社之研究》，台北：稻鄉，1997。
40. 范咸，《重修臺灣府志》，台銀版台灣文獻叢刊第105種，1961。
41. 郁永河，《裨海紀遊》，南投：省文獻會，1996。
42. 高拱乾，《臺灣府志》，台銀版台灣文獻叢刊第65種，1960。
43. 國學文獻館主編，《台灣研究資料彙編》，台北：聯經，1993。
44. 康原等著，《烏溪的交響樂章》，台北：時報文化，2002。
45. 張本政，《清實錄臺灣史資料專輯》，福建：福建人民出版社，1993。
46. 張光直編，《臺灣省濁水溪與大肚溪流域考古調查報告》，台北：中研院史語所，1977。
47. 張勝彥，《南投開拓史》，南投：南投縣政府，1984。
48. 張勝彥等，《台中縣志》卷二住民志第三冊〈禮俗篇、同胄篇〉，台中：台中縣政府，1989。
49. 曹永和，《臺灣早期歷史研究》，台北：聯經，1995。
50. 曹永和，《臺灣早期歷史研究續集》》，台北：聯經，2000。
51. 梁志輝、鍾幼蘭主編，《臺灣原住民史料彙編第七輯——國立故宮博物院清代宮中檔摻摺臺灣原住民史料》，南投：省文獻會，1998。
52. 陳玉釗，《發現草鞋墩》，南投：草鞋墩鄉土文教協會，2002。
53. 陳炎正等，《台中縣岸裡社開發史》，台中：縣立文化中心，1986。
54. 陳炎正等，《霧峰鄉志》，台中：霧峰鄉公所，1993。
55. 陳俊傑，《埔里開發的故事——平埔族現況調查報導》，南投：財團法人南投縣立文化基金會，1999。
56. 陳秋坤、洪麗完，《契約文書與社會生活 1600～1900》，台北：中研院，2001.04。
57. 陳國強編，《文化人類學辭典》，台北：恩楷，2002。
58. 程大學譯，《巴達維亞城日記》第一冊，台北：省文獻會，1970。
59. 黃叔璥，《番社采風圖考》，台銀版台灣文獻叢刊第 90 種，1961。
60. 黃叔璥，《臺海使槎錄》，台銀版台灣文獻叢刊第 4 種，1957。
61. 溫吉編譯，《臺灣番政志》（一）、（二），台北：省文獻會，1957。
62. 廖德華等，《烏日文史匯編（二）》，台中：烏日鄉文史協會，2003。
63. 劉良璧，《重修福建臺灣府志》，台銀版台灣文獻叢刊第 74 種，1961。
64. 劉枝萬，《南投縣沿革志開發篇稿》，南投：文獻會，1958。
65. 劉枝萬著，《南投縣革命志稿》，南投縣：文獻會，1959。
66. 劉益昌，《台灣原著民史——史前篇》，南投：台灣文獻館，2002。
67. 劉寧顏等，《重修臺灣省通志》卷三住民志同胄篇第二冊，南投：省文獻會，1995。
68. 劉澤民編《平埔百社古文書》，南投：臺灣文獻館，2002。
69. 劉澤民編《大甲東西社古文書（上）》，南投：臺灣文獻館，2003。
70. 潘英，《台灣稀姓的祖籍與姓氏分佈》，台北：臺原，1995。
71. 潘英，《臺灣平埔族史》，台北：南天，1996。
72. 蔣毓英，《台灣府志》，南投：省文獻會，1993。
73. 蔡相煇等，《芬園鄉志》，彰化：芬園鄉公所，1998。
74. 衛惠林，《埔里巴宰七社志》，台北：中研院民族所，1981。
75. 鄧相揚、許木柱，《台灣原住民史——邵族史篇》，南投：省文獻會，2000。
76. 鄧傳安，《蠡測彙鈔》，台銀版台灣文獻叢刊第 9 種，1957。
77. 戴炎輝，《清代台灣之鄉治》，台北：聯經，1984。
78. 薛紹元，《臺灣通志》，台銀版台灣文獻叢刊第 130 種，1962。
79. 謝嘉梁，《草屯地區古文書專輯》，南投：省文獻會，1999。
80. 簡史朗等編，《水沙連埔社古文書選輯》，台北：國史館，2002.12。

81. 簡振榮等，《南投市志》，南投：南投市公所，2002。
82. 鄭其照，《臺灣輿地彙鈔》，台銀版台灣文獻叢刊第216種，1965。
83. 蘭伯特・凡・德・歐斯弗特著，林金源譯，《福爾摩沙見聞錄——風中之葉》，台北：經典雜誌，2002.08。

二、博碩士論文（依筆畫排列）

1. 丁姝嫣，《光復以來的埔里產業》，南投：暨南大學歷史所碩論，2001。
2. 王志忠，《埔里盆地聚落演化的歷史考察——三個民族，五個文化類型權力變動下的空間，社會現象》，台中：東海建築所碩論，1990。
3. 王育傑，《清代平埔族與漢人土地轉移關係之研究》，台北：文化大學民族與華僑所碩論，1987。
4. 王慧芬，《清代臺灣的番界政策》，台北：台大歷史所碩論，2000。
5. 沈文珺，《清乾隆以前平埔族的自我防衛行動（1624～1795）》，台南：成大歷史語言研究所碩論，1995。
6. 卓淑娟，《清代台灣中部漢番關係之研究——霧峰林家與板橋林家之比較》，台中：東海大學歷史所碩論，1988。
7. 林欣怡，《清代臺灣漢人社會的建立——以南投平林溪流域爲例》，台南：師範學院鄉研所，2000。
8. 邱正略，《清代臺灣中部平埔族遷移埔里拓墾之研究》，台中：東海大學歷史所碩論，1992。
9. 洪麗完，《從部落認同到「平埔」我群意識——台灣中部平埔族群歷史變遷之考察（1700～1900）》，台北：台大博論，2003。
10. 張隆志，《族群關係與鄉村台灣——一個清代台灣中部平埔族群史的重建和理解》，台北：台大歷史所碩論，1990。
11. 張環顯，《清代「埔里」的開發》，台北：師大歷史所碩論，1992。
12. 陳中禹，《從清乾隆朝岸裡社訟案看番漢糾紛的型態（1758～1792）》，台北：台大歷史所碩論，1999。
13. 曾敏怡，《草屯地區清代漢人社會的建立與發展》，台中：東海大學歷史所碩論，1998。
14. 程士毅，《北路理番分府的成立與岸裡社的衰微（1766～1786）》，清大歷史所碩論，1994。
15. 黃煥堯，《清代臺灣番人與地方治安之關係——義番與番患之研究》，台北：文化史學所碩論，1985。
16. 楊熙，《清代前期治臺之撫民與理番政策的研究——康熙二十二年至道光二十二年》，台北：政大政研所博士班博士論文，1981。

17. 詹素娟，《清代臺灣平埔族與漢人關係之研究》，台北：師大歷史所碩論，1986。
18. 謝仲修，《清代臺灣屯丁制度的研究》，台北：政大歷史所碩論，1998。
19. 鍾幼蘭，《族群、歷史與意義——以大社巴宰族裔的個案研究爲例》，台北：清大社會人類學研究所碩論，1995。

三、期刊論文（依筆畫排列）

1. W.R.Ginsel 著・林偉盛譯，〈荷蘭人在福爾摩沙的基督教教育（上）〉，《臺灣風物》44 卷 4 期，台北：臺灣風物，1994.12，頁 226～246。
2. W.R.Ginsel 著・林偉盛譯，〈荷蘭人在福爾摩沙的基督教教育（下）〉，《臺灣風物》45 卷 1 期，台北：臺灣風物，1995.03，頁 173～192。
3. 方豪，〈康熙五十三年測繪臺灣地圖考〉，《文獻專刊》創刊號，台北：省文獻會，1949，頁 28～53。
4. 王雅萍，〈他們的歷史寫在名字裡——透過姓名制度的變遷對臺灣原住民史的觀察〉，《臺灣風物》44 卷 1 期，台北：臺灣風物，1997.03，頁 63～80。
5. 王灝，〈埔里平埔族的走標〉，《水沙連雜誌》14 期，南投：水沙連雜誌社，1996.10，頁 8～12。
6. 石文誠，〈清代拍瀑拉（Papora）社群社址與社域範圍之探討〉，《臺灣風物》51 卷 3 期，台北：臺灣風物，2000.09，頁 113～140。
7. 宇驥，〈從生產型態與聚落景觀看臺灣史上的平埔族〉，《臺灣文獻》21 卷 1 期，南投：省文獻會，1970，頁 1～18。
8. 李壬癸主講、高淑媛記錄整理，〈臺灣平埔族的種類及其相互關係〉，《臺灣風物》42 卷期，台北：臺灣風物，1992.03，頁 238～211。
9. 李亦園，〈從文獻資料看臺灣平埔族〉，《大陸雜誌》10 卷 9 期，台北：大陸雜誌，1955，頁 19～29。
10. 李亦園，〈臺灣平埔族的祖靈祭〉，《中國民族學報》1 期，台北：中國民族學會，1955，頁 125～137。
11. 李亦園，〈臺灣南部平埔族平臺屋的比較研究〉，《民族學研究所集刊》第三期，台北：中研院，1957，頁 117～144。
12. 沈乃霖，〈臺灣平埔族體質人類學之研究史實〉，《南瀛文獻》41 期，台南：台南縣政府，1996.10，頁 125～131。
13. 周翔鶴，〈清代早期臺灣中部北部平地鄉村經濟和業户經濟——清代臺灣墾照與番社給墾字研究〉，收錄於《臺灣史學術研討會論文集（第二集）》，台北：臺灣史研究會，1990.07，頁 43～80。
14. 林珊如、李郁雅，〈從使用者觀點探討古文書及檔案之使用：以平埔研究人員爲例〉，《大學圖書館》3 卷 3 期，台北：台大圖書館，1999.07，頁 65～80。

15. 林會承，〈史料中所建的平埔族聚落與建築〉，《中原設計學報》1 卷 1 期，中壢：中原大學，1999.01，頁 1～28。
16. 洪秀桂，〈南投巴宰海人的宗教信仰〉，《台大文史哲學報》22 期，台北：臺灣大學，1973，頁 445～509。
17. 翁佳音，〈清嘉慶朝前的臺灣土地糾紛〉，收錄於《近代中國初期歷史研討會論文集》，台北：中研院近史所，1989.04，頁 1041～1066。
18. 翁佳音，〈被遺忘的原住民史——Quata（大肚番王）初考〉，《台灣風物》42 卷期，台北：台灣風物，1992.12，頁 144～188。
19. 康培德，〈荷蘭時代大肚王的統治與拍瀑拉族族群關係再思考〉，台中：台中縣開發史學術研討會，2003.03.29。
20. 張耀錡，〈平埔族社名對照表〉，《文獻專刊》2 卷 1 期，台北：省文獻會，1951。
21. 陳秋坤，〈清代前期對臺少數民族政策與臺灣土著的傳統土地權力，1690～1766〉，收錄於《近代中國初期歷史研討會論文集》，台北：中研院近史所，1989.04，頁 1023～1040。
22. 陳美鈴，〈埔里盆地的平埔族聚落分佈型態〉，《國立僑生大學先修班學報》2 期，台北：僑生大學，1994.07，頁 229～264。
23. 陳哲三，〈古文書對草屯地區歷史研究之貢獻〉5 期，台中：逢甲大學人文社會學院，2002.11，頁 107～126。
24. 陳哲三，〈草屯地區的拓墾與漢番互動〉，收錄於《臺灣歷史與文化論文集（二）》，台北：稻鄉，2000.02，頁 11～60。
25. 陳哲三，〈清代草屯地區開發史——從北投社到草鞋墩街，以地名出現庄街形成爲中心〉，收錄於《逢甲人文社會學報》3 期，台中：逢甲大學人文社會學院，2001.11，頁 119～141。
26. 陳華醇，〈「屯制」在台灣的施行及其在清代理番政策上的績效〉，《史學會刊（師大）》15 期，台北：師大，1976.02，頁 26～32。
27. 陳維林，〈埔里的平埔族〉，收錄於林川夫編《民俗臺灣》第五輯，台北：武陵，1990，頁 73～76。
28. 陳慶芳，〈臺灣地政史料系列報導（10）——從番契的社名談平埔族群聚落之變遷與地段名之關係〉，《臺灣地政》157 期，台中：省政府地政處，1999.03，頁 48～57。
29. 湯熙勇，〈清乾隆十六年台灣彰化之番殺兵民事件〉，收錄於《台灣史研究學術研討會論文集》，台北：台灣史蹟研究中心，1989，頁 35～71。
30. 黃富三，〈清代臺灣的土地問題〉，《食貨月刊》4 卷 3 期，台北：食貨，

1974.06，頁 77～88。

31. 黃富三，〈清代臺灣移民的耕地取得問題及其對土著的影響（上）〉，《食貨月刊》11 卷 1 期，台北：食貨，1981.04，頁 19～36。
32. 黃富三，〈清代臺灣移民的耕地取得問題及其對土著的影響（下）〉，《食貨月刊》11 卷 2 期，台北：食貨，1981.05，頁 72～92。
33. 溫振華，〈清代臺灣中部的開發〉，《臺灣風物》43 卷 1 期，台北：臺灣風物，1993，頁 127～145。
34. 溫振華，〈清代中部平埔族遷移埔里分析〉，《臺灣文獻》51 卷 2 期，南投：臺灣文獻會，2000.06，頁 27～37。
35. 詹素娟，〈清代台灣平埔族與漢人關係之探討〉，《近代中國區域史研討會論文集》，台北：中研院近史所，1986。
36. 詹素娟，〈詮釋與建構之間——當代「平埔現象」的解讀〉，《思與言》34 卷 3 期，台北：思與言，1986.09，頁 45～78。
37. 詹素娟，〈族群歷史研究的「常」與「變」——以平埔研究爲中心〉，《新史學》6 卷 4 期，台北：三民書局，1995.12，頁 127～163。
38. 詹素娟，〈邊緣與中介——「熟番」族群角色初探〉收錄於《族群意識與文化認同——平埔族群與臺灣社會大型研討會論文集》，台北：中研院，2003，205～216。
39. 劉益昌，〈貴佛朗人聚落的考古學初步研究〉，發表於「族群意識與文化認同：平埔族群與台灣社會」大型研討會，2003.09.30～10.02。
40. 潘英，〈談臺灣平埔族的遷徙〉，《臺灣文獻》43 卷 4 期，南投：省文獻會，1992.12，頁 277～301。
41. 潘英，〈平埔族史略〉，《臺灣文獻》44 卷 1 期，南投：省文獻會，1993.03，頁 113～153。
42. 衛惠林，〈從埔里巴宰七社的漢化史實看中國民族文化之匯聚整合程式〉，《中山學術文化集刊》27 期，台北：中山學術文化基金董事會，1981，頁 133～185。
43. 鄭喜夫，〈清代道卡斯族姓名初探稿〉，《臺灣文獻》51 卷 4 期，南投：省文獻會，2000.12，頁 59～109。
44. 鄭喜夫，〈清代臺灣「番屯」考（上）〉，《臺灣文獻》27 卷 2 期，南投：省文獻會，1976，頁 111～130。
45. 鄭喜夫，〈清代臺灣「番屯」考（下）〉，《臺灣文獻》27 卷 3 期，南投：省文獻會，1976，頁 59～89。
46. 鄧相揚，〈平埔族古文書溯源〉，《臺灣史研究暨史蹟維護研討會論文集》，台南：成功大學，1990，頁 375～425。
47. 鄧相揚，〈認祖歸宗——埔里平埔族的宗嗣變遷〉，《山海文化雙月刊》4

期，台北：原發會，1994.05，頁 108～110。

48. 鄧相揚，〈埔里盆地平埔族群語言消失的原因——兼論臺灣南島語的保存問題〉，李壬癸、林英津編《臺灣南島民族母語研究論文集》，台北：教育部，1995，頁 257～298。
49. 戴炎輝，〈清代臺灣番社的組織及運用〉，《臺灣文獻》26 卷 4 期、27 卷 1 期，南投：省文獻會，1976，頁 329～375。
50. 謝繼昌，〈平埔族之漢化——臺灣埔里平原之研究〉，《中央研究院民族學研究所集刊》47 期，台北：中研院民族所，1979，頁 49～72。
51. 鍾幼蘭，〈「族群」與平埔研究〉，《中國民族學通訊》33 期，台北：中國民族學會，1995.06，頁 61～74。
52. 鍾幼蘭，〈平埔族群與埔里盆地——關於開發問題的探討〉，劉益昌、潘英海編《平埔族群的區域研究論文集》，南投：省文獻會，1998，頁 141～162。
53. 羅美娥，〈從契約文書看洪雅族北投社的土地流失問題〉，未發表，2000.09。

四、日文資料（含中譯本，依筆畫排列）

1. YI 生（伊能嘉矩），〈埔里社の平埔蕃聚落〉，《東京人類學會雜誌》第 281 號，1909，頁 437～440。
2. 土田茲著，黃秀敏譯，〈平埔族各語言研究瑣記〉（上），《臺灣史田野研究通訊》22 期，台北：中研院，1992.03，頁 9～22。
3. 土田茲著，黃秀敏譯，〈平埔族各語言研究瑣記〉（下），《臺灣史田野研究通訊》23 期，台北：中研院，1992.06，頁 26～42。
4. 中村孝志著、吳密察、許賢瑤譯，〈荷蘭時代的台灣番社戶口表〉，《臺灣風物》44 卷 1 期，台北：臺灣風物，1997.03，頁 197～234。
5. 中村孝志著、許賢瑤譯，〈荷蘭統治下位於臺灣中西部的 Quataong 王村落〉，《臺灣風物》43 卷 4 期，台北：臺灣風物，1993，頁 206～238。
6. 台灣總督府・台灣日日新報社合編，《新舊對照管轄便覽》，台北：成文，1999。
7. 台灣總督府抄本影印，《台灣理蕃古文書》，台北：成文，1983。
8. 伊能嘉矩，〈埔里社平原に於ける熟蕃〉，《蕃情研究會誌》第二號，1899，頁 31～66。
9. 伊能嘉矩，《「埔里社正通事巫春榮立均份給契付據字」、「岸西社原通事潘阿木土目潘德慶等同立合約字」》，台北：台大圖書館藏，伊能手稿。
10. 伊能嘉矩，《台灣蕃地地名考》，台北：台大圖書館藏，伊能手稿。

11. 伊能嘉矩，《平埔蕃資料》，台北：台大圖書館藏，伊能手稿。
12. 伊能嘉矩，《熟蕃資料》，台北：台大圖書館藏，伊能手稿。
13. 伊能嘉矩，《噶瑪蘭志料》，台北：台大圖書館藏，伊能手稿。
14. 伊能嘉矩，《蕃人研究標準》，台北：台大圖書館藏，伊能手稿。
15. 伊能嘉矩，《蕃族蕃社》，台北：台大圖書館藏，伊能手稿。
16. 伊能嘉矩，《觀風蹉跎》，台北：台大圖書館藏，伊能手稿。
17. 伊能嘉矩著，江慶林等譯，《臺灣文化志》（上）（中）（下），南投：省文獻會，1997。
18. 伊能嘉矩著，森口恒一編，張曦譯，《伊能嘉矩 蕃語調查手冊》，台北：南天，1998。
19. 伊能嘉矩著，程士毅譯，〈臺灣の平埔蕃中に行はれる祭祖の儀式〉，《水沙連雜誌》14 期，南投：水沙連雜誌社，1996.10，頁 13～17。
20. 伊能嘉矩著，黃秀敏譯，〈台灣土番的數的觀念〉，收錄於黃秀敏譯，李壬癸編審，《台灣南島語言研究論文日文中譯彙編》，台東：史前博物館，1993.06，頁 44～67。
21. 伊能嘉矩著，黃秀敏譯，〈關於台灣土蕃的土地命名〉，收錄於黃秀敏譯，《臺灣南島語言研究論文日文中譯彙編》，台東：史前博物館，1993，頁 72～77。
22. 伊能嘉矩著，楊南郡譯，《臺灣踏查日記》（上），台北：遠流，1997。
23. 安倍明義，《臺灣地名研究》，台北：武陵出版社，1987。
24. 鳥居龍藏，〈埔里社方面にて調查せし人類學的事項〉，《東京人類學會雜誌》第 174 號，1900，頁 473～477。

五、網路資源

1. 中部書院巡禮，http://content.edu.tw/local/taichun/mingdau/school/a.htm
2. 心靈與感官的對話，
http://www.cca.gov.tw/imfor/new/imfor_18/html/1-47.htm
3. 文獻館古文書目錄查詢系統，
http://www.hrctp.gov.tw/old_book/old_book_query/index.htm
4. 平原之人，http://bbs.ee.ntu.edu.tw/boards/ILan/7/1/3/14.html
5. 平埔文化資訊網，http://www.sinica.edu.tw/~pingpu/index.html
6. 平埔族虛擬博物館，http://ntudlm.ntu.edu.tw/default.html
7. 南投資訊網，http://www.nantou.com.tw/index.asp
8. 故宮原住民資料，
http://www.sinica.edu.tw/~pingpu/library/fulltext/npmdatabse/index.html

9. 原住民大事紀，http://www.tacp.gov.tw/intro/great/great.htm
10. 埔里采風，http://www.classroom.idv.tw/puli/index.htm
11. 埔里眉溪流域平埔族聚落群，http://puli-village.org.tw/
12. 桃米坑的歷史，
http://www.homeland.org.tw/foundation/htm/taomi/taomi-2.htm
13. 草屯歷史，http://163.23.204.206/~ng8711071/new_page_2.htm
14. 草屯鎮公所，http://www.classroom.idv.tw/puli/index.htm
15. 散落台灣民間古文書，http://163.22.168.3/chinese/resource/html/p27-1.html
16. 話說草鞋墩，
http://www.sinica.edu.tw/photo/subject/3_town/caosheduen-1.html
17. 臺閩古蹟資訊網，http://webca.moi.gov.tw/cgi-bin/hi.asp?Xrade=i003
18. 噶瑪蘭移居台灣後山的背景，http://210.60.224.5/book3/0604-A.htm
19. 羅東西部開發歷程，http://ms1.ghjh.ilc.edu.tw/~lotong/13.htm

附　錄

附錄一　南北投社語彙表

南北投社語彙表

編號	漢　語　語　彙	南 北 投 社 語 彙	備　註
1	生蕃自稱	arrikun	
2	台灣人	pulra	
3	人	ssau	
4	熟蕃對生蕃稱呼或生蕃對熟蕃稱呼	zaryan	
5	一	metara	
6	二	mesa	
7	三		
8	四	yupat	
9	五	kassap	
10	六	takkap	
11	七	guitu	
12	八	makaipat	
13	九	tanasu	
14	十	taisi	
15	十一		

16	二十		
17	二十一		
18	三十		
19	三十一		
20	四十		
21	四十一		
22	五十		
23	五十一		
24	六十		
25	六十一		
26	七十		
27	七十一		
28	八十		
29	八十一		
30	九十		
31	九十一		
32	百		
33	千		
34	萬		
35	髮	vu	
36	頭	u:ru	
37	額		
38	顏		
39	眉	ppa	
40	目	masa	
41	耳	sangera	
42	鼻	mu	
43	口	muzu	
44	舌	tato o	
45	唇		
46	齒	ripun	
47	鬚	vu	同髮

48	頸	vuhu	
49	肩		
50	手	pira	
51	指	pira	同手
52	爪		
53	胸	lizum	
54	乳	tootoo	
55	腹	tse	
56	臍		
57	足	assa:	
58	背	gya	腰
59	血	mazegran	
60	祖父	vakkie	
61	祖母	vuvua	
62	父	akkie	
63	母	pai	
64	兄姐	ngapu:（兄），sajiye（姐）	
65	弟妹	sajiye（妹），guvari（嫂）	同姐
66	兄弟		
67	子	azaha	
68	孫		
69	男	akkie	同父
70	女	pai	同母
71	老人	massa	
72	小兒（baby）又少壯（youth）	azaha（小兒），tavun（少年）	同子
73	名	tsinga	
74	酋長		
75	蕃社		
76	言語（language）	pagaratagara	
77	刺墨的稱呼		
78	鬼	puzzun	
79	今日		

80	明日	aromekagu	
81	明後日		
82	昨日		
83	一昨日（day before yesterday）		
84	我	uji:	
85	我們		
86	汝	na:o	
87	汝們		
88	彼		
89	彼們		
90	四方的名稱	izage（東），itsi（西），zammi（南），tsimmu（北）	
91	天		
92	地		
93	日	iza	
94	月		
95	星		
96	雲		
97	雨	moahan，aranga——moahan（落雨）	
98	風		
99	雷		
100	電		
101	火	zapu:	
102	水	lazum	
103	山		
104	河		
105	草	paza（稻）	
106	木	makai	
107	花		
108	米	sina ，vusan（粟）	
109	酒	itan	
110	犬	atoo	

111	鹿	roanga——zaragan	牛——山，山牛的意思
112	貓	vuto	
113	豬	vavu	
114	牛	roan	
115	鳥、雞	kassa	
116	魚	sikan	
117	猴	pesse:	
118	衣服	rival	
119	帽		
120	鞋	sapel	
121	見	kaman	
122	聞	gisi:	
123	去	moha	
124	來	magi:	
125	有	aran	
126	無	mosanga	
127	大	madaosal	
128	小	paitega	
129	多	aranga	
130	少	paitega	同小
131	輕		
132	重		
133	臥	hamara	
134	夢		
135	歌	hamain	
136	舞		
137	寒		
138	暑		
139	紅	mazuran	
140	黃		
141	青		
142	白	mapusei	
143	黑	mavizu:	
144	遠	saksa	

145	近	aniga	
146	痛	masaye	
147	病	vudara	
148	死	mavasa	
149	生	munta	
150	笑	muge:	
151	泣	samangi:	
152	愛		
153	怒	maimaranao	
154	鹽	tsigu:	
155	苦		
156	干		
157	酸		
158	辛		
159	槍	atopu:	
160	刀	gagai	
161	弓矢	vasi	
162	袋		
163	好（like）	hal	
164	歹（dislike）	vudda	
165	汝與我朋友（you and I are friends）		
166	我的厝（my house）	tatahun（家）	
167	汝食飯（you eat meal）	hai－man（有食）na:o（汝）	
168	伊好人（you are a good friend）		
169	汝甚麼名（what is your name?）	katyam(叫什麼)tsi－tsinga(名)	
170	汝要去那位（where do you have to go?）		
171	汝那位來(where are you from?)		
172	汝唱歌給我聽		

【資料來源】伊能嘉矩著，森口恒一編，張曦譯，《伊能嘉矩 蕃語調查手冊》，台北：南天，1998。伊能嘉矩著，黃秀敏譯，〈台灣土番的數的觀念〉，收錄於黃秀敏譯，李壬癸編審，《台灣南島語言研究論文日文中譯彙編》，台東：史前博物館，1993.06，頁 67。

附錄二　北投社相關座落土名探討

在探討社域之前，必須先對幾個相關座落土名進行探討，以釐清在建構北投社社域時所遇見的一些辨認上的問題：北投社域有幾個座落土名所指地方範圍不詳，其中「內木柵」、「中埔」、「大埔洋」皆屬地方泛稱。由於所指涉地區邊界模糊，所以常常造成研究上的困擾。

在古文書中常可發現「內木柵」一詞經常出現，而且可以發現所指涉區域極廣。早期劉枝萬〔註1〕與洪敏麟〔註2〕以爲「內木柵」一地即今日土城一帶，而這個概念也一直爲後人所引用。近來陳哲三根據古文書推論「內木柵」應包括中埔、大埔、南埔、湳西、隘寮腳、崁仔頂、匏仔寮、北勢湳等地區〔註3〕。換句話說，所稱內木柵一地應包括匏仔寮庄、北勢湳庄一部份、頂崁仔庄、南埔庄（依清代光緒年間北投保行政區劃）等區域。如果我們將古文書中內木柵所指地域做成一表格，可以更清楚看出上面之結果：

內木柵所含地域一覽表

<table>
<tr><th>泛稱地域</th><th>附屬地名</th><th>更細小區域</th></tr>
<tr><td rowspan="14">內木柵</td><td rowspan="3">中埔</td><td></td></tr>
<tr><td>莿桐腳</td></tr>
<tr><td>北勢湳大埤頂</td></tr>
<tr><td>大埔</td><td>南北埒</td></tr>
<tr><td colspan="2">三叢北勢竹刺蔥溝</td></tr>
<tr><td colspan="2">青牛埔楛苓腳</td></tr>
<tr><td rowspan="2">北勢湳</td><td></td></tr>
<tr><td>埤仔頂檨仔腳</td></tr>
<tr><td colspan="2">阿法墓</td></tr>
<tr><td rowspan="2">崙仔頂</td><td></td></tr>
<tr><td>雙丁園</td></tr>
<tr><td rowspan="2">埤仔腳</td><td></td></tr>
<tr><td>北勢湳</td></tr>
</table>

〔註1〕劉枝萬，《南投縣沿革志開發篇稿》，1958年，頁122、125、143、187。
〔註2〕洪敏麟，《草屯鎮誌》，頁12、125～126。
〔註3〕陳哲三，〈古文書對草屯地區歷史研究之貢獻〉，《逢甲人文社會學報》5期，2002年，頁115～116。

	隘寮腳	北勢溝墘
	透東西埒	
	匏仔寮庄	
	崎腳溪仔底	
	隘寮崁腳	
	崁仔頂	
	隘寮	南勢福德廟前
	大墩腳	
	壟鉤崎二坪仔山	
	埤仔頂洋	
	桃仔崙	
	湳西	

大抵而言，古文書中內木柵所稱地域與陳哲三所指無異。但從古文書中我們找不到有內木柵屯園一詞的出現，這是較爲特殊的。由於官方文獻中已明白提到屯番制之設置，是將內木柵之養贍埔地分給北投小屯之屯丁。假使屯園眞如學者所說爲乾隆五十三年實施屯番制時所配給之養贍埔地，那麼屯園應屬於內木柵之範圍應當無誤。此外根據北投社通事謝潘元所述，北投社養贍埔地位於內木柵北勢湳牛埔〔註4〕。此牛埔是否即所指屯園，目前已無法考證。關於這個疑問，或許有待新資料的發現以證明之。

「中埔」屬於內木柵範圍之中，然而其指涉範圍亦是模糊。筆者根據以下契約文書，大約可以推出「中埔」至少包含今草屯鎭雞柔崎頭、頂崁、屯園一帶範圍。

「立杜賣盡根埔園契」〔註5〕：

立杜賣盡根埔園契字人北投堡草鞋墩庄李門蔡氏□有承先夫李嬰高遺下埔園壹段座落土名頂崁庄中埔洋東至加柔崎崁頭界西至大埤橫路界南至李賊旱田界北至抄封園界四至界址明白逐年配納番業主大租粟四斗正丈報之字第四千四佰零參號又瘠則園捌甲參分伍厘伍毫貳絲正全年配納地租糧銀參員五拾參錢四厘正今因乏銀別創愿將此園出賣先盡問至親人等俱各不欲承受外托中引就與頂崁庄李大舌等

〔註4〕文中寫內木「棚」北勢湳牛埔，其棚字應爲筆誤之故。請參閱《清代臺灣大租調查書》，台文叢第152種，1963年，頁810～811。

〔註5〕《台灣公私藏古文書影本》第十輯第四冊

出手承買時當日仝中三面言定時值盡根價銀壹佰陸拾大員秤足重正
其銀契即日仝中兩相交收足訖其埔園隨即踏明界址交付買主前去起
耕掌管永為己業收稅納課不敢異言阻擋自此一賣千休割藤永斷日後
價值多金□及子孫不敢言找贖之理亦不敢異言滋生事端保此園係□
承先夫之物業與房親人等無干亦無重張典掛他人財物亦無上手來歷
交加不明等情如有此情□出首一力抵擋不干承買主之事此係兩愿各
無抑勒反悔口恐無憑欲后有憑立杜賣盡根契字壹紙又帶壆契壹紙丈
單壹紙記共計參紙付執為炤
即日仝中見親收過盡根契字內銀壹佰陸拾大員秤足重正交收完足再
炤
明治參拾肆年壹月

代筆人　李國寶
為中人　李湧水
知見人姪孫　李　赤
日立杜賣盡根埔園契字人　李門蔡□

「大埔洋」一詞普遍出現在草屯地區古文書中，然而對於大埔洋究係所指何處卻一直是一個模糊的概念。曾敏怡曾指出北投大埔洋為北投番社〔註6〕以南的一大片埔地，其範圍大致包括北投街、北投埔與草鞋墩庄一帶區域〔註7〕。陳哲三師曾口頭告知大埔洋的所在位置應當位於北投、北投埔、林仔頭、草鞋墩、下庄、崎仔頭等土名座落中間一帶區域。此外，筆者亦曾訪問當地耆老，得知所指大埔洋為草鞋墩、南勢、北投埔等一大片平廣之地，而真正所指範圍卻不得而知，只說平坦之地都是大埔洋（指烏溪沖積扇平原一帶）。筆者試圖從古文書中的座落土名中整理出以下的表格：

大埔洋相關地名

座　落	可能所在位置	資料來源
三條圳庄尾大埔洋	草鞋墩一帶	台史所藏 T089D089.096
大埔洋東牛屎崎	牛屎崎以西一帶	草 P173

〔註6〕這裡所指的番社是指「番社內」，請參照曾敏怡，《草屯地區清代漢人社會的建立與發展》，台中：東海大學歷史研究所碩論，1998年，頁101。
〔註7〕同前註，頁60。

大埔洋南勢庄前	南勢一帶	林美容 P35～36
大埔洋舊社林	北投埔一帶	草 P98
北投大埔洋	北投埔一帶	草 P93
北投庄南勢（大埔洋）	南勢一帶	草 P72
草鞋墩庄前大埔洋	草鞋墩附近	林美容 P63
草鞋墩頂庄前大埔洋	草鞋墩附近	林美容 P64
草鞋墩大埔洋	草鞋墩一帶	草 P100
崎仔頭庄前大埔洋	崎仔頭附近	草 P74
大埔洋中心林	石頭埔一帶？北投埔？	草 P92、137

【資料來源】謝嘉梁，《草屯地區古文書專輯》，1999。林美容，《草屯鎮鄉土社會史資料》，1990。台史所藏文書。

上表中由於中心林一處究係位於何處仍有爭議，故暫時無法列入考慮。從上表來看，大埔洋大抵以南勢、牛屎崎、草鞋墩、林仔頭、北投埔、北投等為一模糊邊界。在這幾個土名座落內的範圍統稱為大埔洋。而崎仔頭、下庄等地方則屬於大埔洋區域範圍內。就自然地理環境來看，大埔洋一地位於烏溪沖積扇平原上，為一廣大平坦之埔地，故稱大埔洋。從行政區劃上，大埔洋大致包括今天的北投埔、草鞋墩、林仔頭等聚落中間區域。故其範圍可能比以往學者所推論的來的大些。然而大埔洋其實為一模糊的地方稱呼，其實際的邊界範圍無法得知。從古文書上的座落來看，大埔洋東牛屎崎只能說是此地屬於靠近牛屎崎西邊的大埔洋之地，而大埔洋南勢庄前則是指南勢庄前的大埔洋之地，其餘座落亦是如此。

附圖　大埔洋大約範圍位置圖

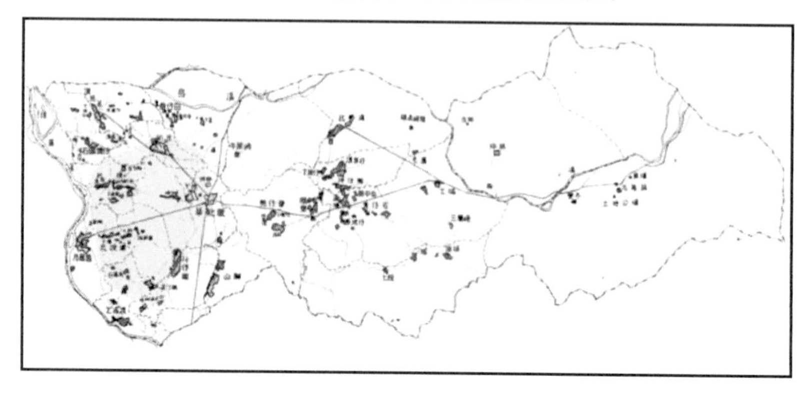

【圖片來源】洪敏麟，《草屯鎮誌》，1986，頁91。

附錄三　北投社番契資料表

紀元	座　落	文書名	出租售人	承受人	番業主	買賣原因	四至狀況	番大租	備　註	資料來源
乾隆18	林仔庄牛埔仔	立退契	王三貴	王錦使		乏銀使用		有	番麻租一斗	林美容P7-8
乾隆22	下埔園中心林	立杜賣契	林程氏等	林先	八仔	無銀使用	仍有番田	有	番八仔賣予林觀富，曾洗過	草 P137
乾隆32	草鞋墩庄	立賣盡契	林寧	張宅		無銀可還		有	承買自北投社番大耳阿祿	草 P266
乾隆35	下溪洲	立杜賣契	何世榮	林霸		乏銀別創		番租餉糖		林美容P11-12
乾隆37	草鞋墩嶺下	立永杜絕賣契	曾春等	簡志靈	葛斗六	乏銀費用	仍有番田	有		草 p4
乾隆38	大坪頂	仝立杜賣盡根契	黃世章等	張文鳳	北投社眾番	乏銀別創		有	大坪頂爲北投社荒埔公有地	公私藏二輯一冊
乾隆40	下溪洲月眉厝	立杜賣契	理祥	林月三		意欲出賣		番大租糖	林月三即林霸	林美容P13-14
乾隆41	萬寶莊	仝立永杜賣斷根田厝契	李喬基等	洪員國等		乏銀別創		有	乾隆 43 年，北投社番亦將番大租賣給洪員國	大租上P203-204
乾隆41	溪洲尾舊部後	立盡絕賣契	蕭情	林霸		意欲出賣		番大租糖	種糖產業有一定程度	林美容P14-15
乾隆43	草鞋墩庄	立盡賣厝契	吳喜	何淵		遷居別處		番地基租		草 p5
乾隆45	下溪洲月眉厝	立杜賣契	林可論	林月三		無銀別創		番租餉糖	有「北投社承租業主王化龍記」印記	林美容P24-25
乾隆56	？	立永杜賣盡根契	陳景等	林霸		乏銀費用		番大租糖		林美容P26-28
嘉慶05	大好庄頭內灣	立杜賣絕根契	孫刊等	？		乏銀費用		有	承買自北投社番	草 P270
嘉慶05	南埔庄溪仔底	立杜賣盡根契字	林三源	吳旺官		乏銀別置		有		草 P237
嘉慶07	內木柵界外屯埔	同立懇求字	李利等	北投社通土		過路費		有	柴裡社養贍埔地	大租下P812-813
嘉慶09	草鞋墩嶺腳	立杜賣盡根契	簡廷馥	簡祖罕		乏銀費用		有		草 P109
嘉慶10	南勢庄	立永杜賣盡根契	叔老	孫文在	圖記不明？	乏銀別置		番口糧租	番業主待查	草 p69
嘉慶11	內木柵北勢湳	仝立鬮書	東洲等			分產			買過多位北投社番土地	林美容P30-32
嘉慶12	大埔洋南勢庄前	立杜賣盡根契	蕭老等	林泉	小馬亦、大岱	乏銀費用		有	兩個圖記	林美容P35-36
嘉慶13	內木柵阿法墓	親立杜賣絕根契	李統	李媽生等		乏銀費用		有		林美容P36-37

嘉慶14	草鞋墩庄	立杜賣盡根契字	張世助	李柒		欠銀別置			北投社土目羅元長行戳記	草 p11
嘉慶15	南北投保大好山腳舊	立杜賣盡根契	許端等	蕭有南	圖記不明？	？		跟葛宗保有關	圖記不明	草 P110
嘉慶15	石頭埔	親立杜賣絕盡根田契	攀龍等	其堂叔	圖記不明？	乏銀費用		有	圖記不清楚	郭雙富文書
嘉慶16	大埔洋東牛屎崎	仝立合約字	李寢等			修築水圳		有	五個圖記，與圳水有關	草 P173
嘉慶18	內木柵	立杜賣盡根契字	鄭媽福	李中容		乏銀費用	仍有番田		承買自北投社番新烏眉	草 P273
嘉慶18	北投庄南勢	立杜賣盡根契	侄固	叔盆	保大武力	乏銀別創		有	番業主保大武力圖記	草 p71
嘉慶19	內木柵崙仔頂	立杜賣盡根埔園契字	蕭光夜	沈大吉等		乏銀費用	仍有番田	有	承買自內木柵番潘八	草 P274
嘉慶19	內木柵中埔	立杜賣絕盡根園契字	張薛貴	蔡俊	巫君英	乏銀應用	仍有番田	有	從番巫貓六買進	草 P241
嘉慶20	北投社	立轉典園契字	陳招	蔡俊		乏銀費用			承典自北投社番蝚魚買奕	草 P275
嘉慶20	內木柵	立找洗園契字	張助	蔡俊		無銀買棺			從內木柵番買過	草 P242
嘉慶21	北投大埔洋	立典契	蕭仁德	蕭金榜		乏銀費用		有		林美容 P41-42
嘉慶23	北勢湳木羨仔腳	立典田契字	李海生等	李長		乏銀應用	仍有番田	有		草 P193
嘉慶23	北投庄南勢（大埔洋）	親立杜絕賣盡根田契字	章法	蔡同是等		乏銀費用		有		草 p72
嘉慶24	內木柵崙仔頂	立杜賣盡根埔園契字	沈得法等	李童		乏銀費用	仍有番田	有	承買自北投社番潘八	草 P276
道光01	牛屎崎腳	仝立鬮書合同	光保等			分產		有		草 P278
道光02	草鞋墩庄（車路）	仝立杜賣地基契	高泉等	李銀		乏銀費用		番地基租		郭雙富文書
道光04	北勢湳木羨仔腳	立永杜賣盡根契字	李海升等	李士利		乏銀費用	仍有番田	有		草 P195
道光04	內木柵中埔	立杜賣盡根契字	李獺	李王		乏銀費用			上手爲北投社番	草 P246
道光06	北投庄大埔洋	立杜賣斷根盡契	林菁華等	林平章兄弟		乏銀別置		有		草 P92
道光07	草鞋墩嶺腳	立杜賣斷根盡契	簡振源	簡士球	葛貓六	乏銀別置		有	上手簡廷馥	草 P113
道光07	草鞋墩洋	立典契字	李固才	簡局		乏銀費用		番租及屯租		草 P279
道光09	內木柵中埔、南埔	立典園契	李伯等	李天逢		乏銀費用	仍有番田	有		草 P280
道光10	草鞋墩頂庄、過圳庄	仝立杜賣盡根厝地基契字	林才等	莊宛提	大耳貓六	乏銀別置		番地基租	業主大耳貓六圖記	草 p47

道光10	三條圳庄尾大埔洋	立永杜賣盡根田契字	賴天便等	武育		乏銀應用		番屯大租		台史所藏T089D089.096
道光12	內木柵中埔	立永杜賣盡根園契字	李聰	李奇		乏銀別創		有		草P283
道光12	草鞋墩頂庄	立杜賣盡根地基契	林祐	莊宛提	大耳貓六	乏銀別置		番地基租	大耳貓六，位在北投番社內？	草p48
道光14	內木柵隘寮腳北勢溝墘	立典埔園契	蕭龍	李天送		乏銀費用			承買自北投社番吳光斗	林美容P56-57
道光16	溪仔底	立杜賣盡根埔園契字	吳堯	洪寬		乏銀別置		有	圖記不明？	草P157
道光16	溪洲仔庄尾	仝立典契	姚崙棍等	洪松茂		乏銀費用		有		台史所藏T099D099.104
道光16	北勢湳洋	仝立轉借銀字	蔡天助等	李添	余房斗六	缺銀費用		屯佃租	向北投屯屯弁余房斗六借過	草P197
道光23	萬寶新庄牛屎崎腳	立杜賣斷根盡絕田契字	林龍等	林秋風等		乏銀費用		有		草P175
道光23	萬寶新庄牛屎崎腳	仝立典田契字	林龍等	林祈和		王家誣賴乏銀費用		有	與糾紛有關	草P288
道光23	茄荖山腳、北勢尾	仝立鬮分字	任等			分產		有		草P289
道光25	青牛埔	立杜賣盡絕根契	林九等	盧金水		欠銀公用	仍有番田	有		草P198
道光26	北勢湳木羨仔腳	立杜賣盡根契字	李石盛等	李景致		乏銀費用	仍有番田	有		草P199
道光29	草鞋墩頂庄	立杜賣盡根厝地基園契字	李智	李開勝	圖記不明？	乏銀別置		番地基租	番業主待查	草p49
道光29	草鞋墩庄前大埔洋	仝立杜賣盡根番租契字	沈三奇等	莊日新		乏銀費用			明買過巫美八番租粟六石	林美容P63
道光29	草鞋墩頂庄前大埔洋	仝立杜賣盡根田契字	沈三奇等	莊日新		乏銀費用		有		林美容P64
道光30	溪洲	立永杜賣盡根水田併園埔契字	洪憨等	洪虫憲	肥斗六	乏銀費用		有		台史所藏T099D099.105
咸豐03	新庄南勢	立典田契字	黃光泰	朱心術		乏銀別創		有		草P296
咸豐04	石頭埔	立轉典田契字	洪榮華等	洪福言等		乏銀別置		有		草P140
咸豐04	北投大埔洋	仝親立典田契字	蔡悅景等	林一枝		乏銀費用		有		草P93
咸豐05	下圳寮	立典厝地契字	賴開等	洪振清等		乏銀別置		有		草p68

咸豐06	北投內木柵匏仔寮庄	仝立典契（埔園）	李成有	李福俊		乏銀費用	三面爲番田	有	跟下條契字相關	草 P159
咸豐07	萬寶新庄牛屎崎腳	立轉典水田契字	林秋冷等	洪寶興		乏銀費用		有		草 P298
咸豐07	內木柵崎腳溪仔底	立杜賣盡根契字	洪寬	李明農		乏銀別置		有		草 P248
咸豐08	內木柵中埔莿桐腳	立杜賣盡根契字	埔里社李貓生	李光傳		乏銀費用				郭雙富文書
咸豐08	內木柵隘寮崁腳	立杜賣盡根地基埔園契字	李王	李量		乏銀費用		有		草 P293
咸豐08	苦苓腳莊前、營盤口溪底	立杜賣字	李王	許家駒		乏銀費用			賣大租粟、附租簿、圖記二顆	大租上P289
咸豐10	溪洲仔庄崁頂	立杜賣盡根田契字	洪西	洪望		乏銀別創		有	有番業主黃圖記	郭雙富文書
咸豐10	北投內木柵匏仔寮庄	立杜賣契	李成有	李文忠		乏銀費用	三面爲番田	有	有批明要開水溝一條	草 P158
咸豐10	崎仔頭、大埔洋	仝立杜賣盡根田契字	蕭？	李有福等		乏銀別置		番屯勻補大租		草 p74
咸豐11	北投保大埔洋	立杜賣盡根契字	蕭正達等	李榮泰		乏銀別創		番屯勻補大租		林美容P68-69
同治01	內木柵透東西埒	立轉借永耕埔園契字	李海生	洪長庚		乏銀費用		有	上手，道光二年向番潘陞置過	草 P249
同治03	草鞋墩頂庄、下圳寮等	仝立鬮分字	李安睢等			分產		番租番屯		草 P305
同治04	草鞋墩	仝立杜賣盡根契字	吳老再等	李萬松等		乏銀應用		有		草 P307
同治04	草鞋墩頂庄	同立合約鬮書	李萬松等					有		草 p50
同治04	內木柵崁仔頂	立典厝地基字	李棟觀等	陳永		乏銀應用		有		草 P202
同治04	草鞋墩庄後等	仝立鬮書字（分田）	李金惠等			分產		番屯租粟等		林美容P69-71
同治04	大好山腳庄後	仝立永杜賣盡根旱園及山崙樹木契	許言等	簡緣高兄弟		乏銀別用		有		林美容P71-72
同治05	內木柵崙仔頂雙丁園	立典園契字	李士炤	李坎	潘八	乏銀費用	仍有番田	有	業主番潘八，周圍爲轄八、巫秋八田	郭雙富文書
同治05	坪頂竹仔城庄番仔林	仝立杜賣盡根旱田園契字	洪良等	李和興		乏銀別創		北投通事大租粟		台史所藏T184D162.001，P89-90

同治07		親立轉借銀字	林水盛	王朝欽		乏銀別創			業主黎朗買奕	公私藏3輯12冊
同治09	北投保中埔東西埒	立杜賣盡根埔園契字	李春福等	李炎		乏銀應用		有		草P251
同治10	內木柵埤仔腳	立典早田契字	李拱觀	李爽等		乏銀應用		有		草P203
同治11	草鞋墩	仝立轉典契字	簡文色	李睢		乏銀費用		番租勻補屯租		草P310
同治11	草鞋墩庄前	仝立贖回田契字	林瑞隆	王朝欽等		贖回		有	王朝欽向林瑞隆贖回田地併番業主利粟	林美容P75-76
同治12	草鞋墩頂庄	仝立杜賣盡根契字	莊烏鼠等	李睢		乏銀使用		有		草p52
同治14	內木柵中埔北勢湳大埤頂	仝立典早田併園契字	洪阿昧等	李萬等		乏銀應用	仍有番田	有		台史所藏T089D089.033
光緒01	草鞋墩牛屎崎腳	仝立典田契字	林祈和	李安睢		乏銀別置		番屯大租		草P314
光緒02	北投保中埔刺桐腳	立賣盡根埔園契字	李光傳	洪炎		乏銀別置		有		草P253
光緒03		立轉典田契字	洪貫卿	范美如		乏銀費用		有	潘烏□大租	草p82
光緒03	內木柵中埔	仝立鬮書合約字	李應等			分產		屯贍大租		草P255
光緒05	大埔洋	仝立杜賣盡根田契字	簡知槽等	李春色		乏銀別創		番屯大租		草P316
光緒06	草鞋墩庄	立杜賣盡根田園地基契字	簡清勻	李安睢		乏銀費用		有		草P318
光緒09	溪仔底	仝立鬮書合同字	李文聘等			分產		有		草P162
光緒09	內木柵隘寮南勢福德廟前、芎蕉溝	仝立杜賣盡根早田煙契字	李木勤光	阿掛		乏銀應用		有		台史所藏T184D162.001，P86-87
光緒10	匏仔寮庄	仝立杜賣盡根早田契字	李乞食等	李爽		乏銀別創		有		草P321
光緒10	內木柵大埔南北埒	立杜賣盡根園契字	李省	李憨品		乏銀別創		有		草P256
光緒10	匏仔寮庄	仝立杜賣盡根早田契字	李乞食等	李爽		乏銀別置		有	圖記不明？	草P166
光緒10	匏仔寮苦苓腳	仝立鬮書字（分田）	林文妙等			分產		有		草P164
光緒10	大哮莊四仔埔東北隅	仝立杜賣大租契字	張思足等	簡鵬年		乏銀別置		有	曾有糾紛，文中載名番業主唐劉六、黃宗山等	林美容P79-81
光緒10	大坪頂七股庄	仝立杜賣盡根園契字	李姜等	衍海		乏銀別置		有		台史所藏T184D162.001，P88-89

光緒11	大好山腳庄頭內灣	立起耕盡借銀字	簡登魁	李安睢		乏銀費用		有		草 P117
光緒11	桃仔崙（屯園附近）	仝立杜賣盡根園契字	洪楨林等	李傳後		缺銀費用		有		草 P206
光緒12	屯園、坪仔路、圳寮等地	仝立鬮書（分田）字	李爽等			分產		有		草 P208
光緒12	北勢湳洋大埤頂	立再盡根契字	洪貞林	李象等		乏銀費用		有		草 P209
光緒13	圳頭坑	仝立杜賣盡根田園山埔契字	李黃	蕭奏凱		乏銀費用		有		草 P19
光緒14	北投保中埔洋	丈單	李傳						有番田主一詞	草 P257
光緒15	內木柵大墩腳	立賣盡根埔園契字	李火弄	李安睢		乏銀應用	仍有番田	有	過 28 手？	草 P258
光緒15	北勢湳	立賣盡根契字	李萬已	李清爽		乏銀費用		有		草 P210
光緒15	木渼仔腳	仝立合約鬮書字	李石支等			分產		有		台史所藏 T089D089.097
光緒16	南埔庄	立杜賣盡根埔園契字	李有	李清爽		乏銀應用		有	過 4 手？	草 P259
光緒18	內木柵中埔	立杜賣盡根埔園契字	李連	李安睢				有		草 P260
光緒19	北勢湳洋	立典田契字	李石居	李振春		乏銀應用		有		草 P212
光緒19	北勢湳前洋	仝立繳典盡根田契字	洪贛盛等	李謨		乏銀費用		有		草 P217
光緒19	青牛埔苦苳腳崎北勢湳洋烏溪底	仝立杜賣盡根田契字	盧金水等	李德旺等		乏銀別置			上手番契 4 紙	草 P215
光緒20	內木柵崁仔頂	立杜賣盡根厝地基帶厝間連尾蓋字	李江火	李清爽		乏銀費用		有		草 P219
光緒20		仝立杜賣盡根厝地基契字	李元受等	李安睢		乏銀費用		有		草 p28
明治31	北勢湳前洋	同立典旱田契字	洪贛盛等	李清爽		乏銀費用		有		草 P220
明治32	內木柵北勢湳碑仔頂樣仔腳	立杜賣盡根併找洗田契字	李朝清	李清爽		乏銀費用		有		林美容 P93-94
明治33	中埔洋	立杜賣盡根園契字	蔡□	李赤		乏銀別創		有	賣養贍園	林美容 P94-95

明治33	內木柵中埔洋	立杜賣盡根園契字	李赤	李大舌		乏銀費用		有	買來五月就轉賣	林美容P95-96
明治33	內木柵甕鉤崎二坪仔山	立杜賣盡根山園契字	李祖潭	李春波		乏銀別創		有		台史所藏T184D162.001，P84-85
明治34	北勢湳前洋	仝立杜賣盡根旱田契字	洪憨盛等	李大舌		乏銀費用		有		草P226
明治34	內木柵中埔洋	立杜賣盡根埔園契字	蔡□	李大舌		乏銀別創		有	同一埔園又賣一次	林美容P96-97
明治34	內木柵埤仔頂洋	立杜賣盡根旱田契字	李文傑	李大舌		乏銀費用		有		草P229
明治34	內木柵桃仔崙	立杜賣盡根旱田契字	李賊	李大舌	番業主余養巡	乏銀費用		有	番業主余養巡，上手洪楨林	草P228
明治34	草鞋墩庄	完單	李春盛		番業主□貓六				還有北投社番收番租實例	草P331
明治34	草鞋墩庄	完單	李睢	業主蕭	印戳不明？				還有北投社番收番租實例	草P331
明治34	北勢湳庄大碑腳	仝立找洗旱田契字	洪氏闖娘	李大舌		乏銀費用		有		草P224
明治34	北勢湳溪底苦苓腳	立杜賣盡根田契字	李阿旺	李大舌		乏銀別創		有	上手番契2紙	草P222
明治35	北勢湳洋	立杜賣盡根田契字	李石居	李大舌		乏銀費用		有		草P232
明治35	頂崁庄崙仔頂	立杜賣盡根埔園契字	李存等	李春盛等		乏銀應用		有		草P230
明治35	隘寮崁腳	立杜賣盡根田契字	李阿來	李大舌		乏銀費用		有		草P169
明治35	北投新街	立杜賣盡根田契字	謝火成等	李新旺		乏銀費用		有		草P87
明治35	北投新街	立典田契字	李新旺等	李春盛		公債？？缺項清還		有		草P86
明治35	大哮山腳內灣仔	仝立杜賣盡根田契字	簡坤全	李振昌		乏銀費用		有		草P128
明治37	新庄	仝立杜賣盡根田契字	李新旺等	李春盛		乏銀別置		有		草P88
明治37	草鞋墩	仝立杜賣盡根田契字	李新旺等	李春盛		乏銀別置		有		草P38

附錄四　北投社番契資料表（直接番契）

紀元	座落	文書名	出租售人	承受人	買賣原因	四至狀況	備　　註	資料來源
乾隆14	南勢庄	立招佃開墾	番猴三甲	蕭陽	無力開墾，乏銀費用	仍有番田		大租上P450
乾隆16	大好庄山腳	立賣契	番扶生	張宅	乏銀使用	仍有番田	有四個圖記	草P107
乾隆17	圳寮背溪北	立招批帖	番大耳三甲等	周昌祿				大租上P452
乾隆23	南投，果品洋	立杜賣契字	巫汝八	曾宅讓	乏銀別置	仍有番田	可看出北投社與南投社有相關連	大租下P707
乾隆23	草鞋墩	立杜賣園契	番大眉	簡福生	乏銀使用	仍有番田		大租上P457
乾隆27	內轆庄	立給永耕佃批	余啓章	簡觀宗兄弟	欠番租不能承管		北投社地域包含南投市一帶	林美容P8
乾隆34	?	立墾佃給批字	番買奕	陳仕	因築守隘口，自己不能耕作	仍有番田		大租上P546-547
乾隆36	大哮下庄仔洋	立給墾成歸管契	番葛宗保	許朝宗	糾紛由縣府裁定歸管		許朝宗累欠番餉又闇吞甲數	草P108
乾隆37	萬寶莊	立遵憲再給佃批字	番余啓章等	李喬基	水圳及溢租糾紛		乾隆八年請吳連倘開水圳糾紛	大租上P205-206
乾隆42	南勢盡社林	立盡找洗契	番盧文懷	林水	找洗		乾隆22招林觀富耕田，28年賣予林寮等	林美容P23-24
乾隆44	內木柵中埔	立杜賣盡根契	番新烏眉	鄭扳龍	乏銀應用	三面番田	一圖記	草P235
乾隆47	內木柵中埔	仝立贌永耕字	番余思成等	北投街泉利黃記	乏銀費用	仍有番田	三個圖記皆爲番業主，產權承自番婦大目斗	草P236
乾隆48	草鞋墩頂庄	立重給永賣契	番皆貓六	蔡郡	乏銀費用		因漳泉分類械鬥重新立契	草p44
乾隆50	大埔洋	立永杜賣盡根契（水田）	番素仔	賴賜	乏銀使用	仍有番田	有五個圖記	草P91
乾隆51	草鞋墩	立杜賣斷根田契	番阿祿、斗六、自仔	李寢	乏銀別置	仍有番田	潘必第爲阿祿後夫	草p7
乾隆54	圳寮庄	立典契	番余啓德	黃媽喜			有業主、番業主圖記	草p40
乾隆54	草鞋墩庄腳	立永杜賣盡契	番巫尾八	謝盛	乏銀費用	仍有番田	有妻目咽爲知見人	林美容P25-26
乾隆57	草鞋墩	立杜賣盡根契	番貓六	劉杏	乏銀別置		代筆番阿木	草p9
嘉慶01	同立請約字	大埔洋草鞋墩	番余仕成等		楊振文混佔口糧墾業案		楊振文案，雍正7年即給北投社作爲養贍地	大租下P630

嘉慶02	草鞋墩洋	立典大租字	番葛貓六	簡紅	乏銀費用		葛筒仔繳業主圖記	草 p10
嘉慶03	內木柵三叢北勢竹刺蔥溝	親立永杜賣盡根契	番母歐甲、子羅三元	楊媽球	乏銀費用	仍有番田		林美容P29
嘉慶10	內木柵大埔	立杜賣斷根契	番素阿旦	張桃		仍有番田		草 P238
嘉慶10	內木柵中埔	立賣契字	番巫打里	李石養	乏銀應用	仍有番田		草 P239
嘉慶10	內木柵庄青牛埔楛苳腳	立典契字	番淡八仔等	林媽壽	欠銀費用	仍有番田	內文內木柵番，典 18 年	草 P240
嘉慶13	苦苳腳莊前營盤口	立杜賣契字	黃新山	李培	乏銀費用		賣大租，有附戳記二顆	大租下P658
嘉慶16	圳寮庄	立杜賣盡根找洗旱田契	番余日	楊錦		仍有番田	有通事、土目、業主四個戳記	草 p41
嘉慶16	北勢湳	立永耕佃字	番乃貓詩	林少府	上手買奕已賣過林少府		四個圖記，與屯番有關	草 P191
嘉慶19	內木柵崙仔頂	立永耕埔園契	潘八	蕭光夜	乏銀創置	仍有番田	潘八戳記	草 P192
嘉慶20	大埔洋舊社林	立胎借銀字	番潘福生	王建興	欠他人債項，無從措還		岳母 淡阿祿，光緒 2、3 年還有收過丈單	林美容P40
嘉慶21	內木柵中埔	立招佃永耕埔園契字	番巫美八	李聰	乏銀費用	仍有番田	孫女阿祿，二個圖記	草 P243
嘉慶21	內木柵中埔	立開墾永耕埔園契	番歐春等	李送	乏銀費用	仍有番田		大租上P489-490
嘉慶23	內木柵中埔	立杜賣埔園契字	番劉崑山	李懶	乏銀費用		二個圖記	草 P244
嘉慶23	內木柵中埔	立杜賣絕盡根園契字	番巫柔斗六	蔡俊	乏銀應用	仍有番田	三個圖記，有隘丁首圖記	草 P245
嘉慶24	北勢湳	立給墾永耕杜賣盡根契字	番斗六	李成	乏銀應用			草 P194
嘉慶1?	內木柵大埔南北埒	立典園契字	番金明哲	楊宅上	乏銀別用	仍有番田	胞叔金英秀	台史所藏T089D089.062
嘉慶1?	內木柵大埔南北埒	立杜賣盡根園契字	番金明哲	楊宅上	乏銀別用	仍有番田		台史所藏T089D089.063
道光03	內轆溪頭，(眉仔陀公山)	不明？	秀安	簡文士	捐地建廟招墾、南北投社公山		北投社通土吳仕元、隘丁皆貓六等捐地入廟	台史所藏T238D208.008
道光07	內木柵埤仔腳	仝立永耕契	番潘阿祿等	李長	乏銀別置		圖記不明？	草 P196

	北勢湳							
道光08	福鼎金東西南北埔地	立合約字承管埔地	蛤美蘭社	7番社			因蛤美蘭社勢弱，故招中部平埔族群入墾埔里一帶	林美容P46-51
道光08	福鼎金東西南北埔地	立望安招墾永耕字	蛤美蘭社番等	12番社			因蛤美蘭社勢弱，故招中部平埔族群入墾埔里一帶	林美容P51-53
同治01		立承典修出銀字	潘打買四旦	巫福開、余清雲	乏銀應用		北投社向烏牛欄社承典	台史所藏T099D099.008
同治07	珠仔山一帶荒埔	仝立杜賣圳道契字	北投、東螺等四社	陳石生	四社番親窮苦靡常		北投、東螺、阿束、貓而干四社，因窮苦賣圳路	林美容P73
光緒29	北投堡南勢、北投街、南投堡	政府告示	番謝潘元				有關屯田、口糧大租、起蓋衙門之事，爲何叫右北投通事？南投有地	大租下P810-811

附錄五　關於「公議同立合約字」座落所在何處之探討

學者一般以爲此公議字即爲中部平埔社群遷移埔里前身。但根據此約內容所載，除約中所立人名部分曾出現於後來相關埔里社合約字外。第一，文中並無特別指出其開墾之地即爲埔里地區。其提到地名只有「界內山後東南勢溪頭茅埔壹所原爲社番打牲捕鹿之區」這樣籠統的區域。第二，約中所提十四社，在後來遷移至埔里的社群中，有些並無出現，如拾捌另雲社等。第三，如是遷移至埔里的相關合約，約中卻不見埔社或思麻丹社（水社）等相關人的立名。第四，此份合約字顯示領導者爲岸裡社群，與後來遷移埔里盆地時，領導者爲北投社明顯不符。除此之外，邱正略〔註8〕及洪麗完〔註9〕的

〔註8〕邱正略在文中指出「合約字」有以下幾個疑點可以解釋其並非遷移埔里之文書：第一，文中並未指明其開墾之所在地，然而道光四年的「思保全招派開墾永耕字」、道光八年的「望安招墾永耕字」，對其地點並無隱瞞，直接指明埔里地區。第二，所指「茅埔」一地，邱正略舉出三個地方，有二個雖在埔里盆地周圍，然而一個位在泰雅族活動活躍之地，一個則原名並非茅埔（加老望埔之轉音）。故認爲依據其合約字中所述「內山後東南勢溪頭茅埔」所在之地理位置分析，應當在東勢角一帶。第三，此份合約中明顯可以看出主導者爲岸裡社，然而卻跟後來道光四年、道光八年所簽之合約中，以北投社爲主導的情況完全不同。請參閱邱正略，《清代臺灣中部平埔族遷移埔里拓墾之研究》，台中，東海碩論，1992年，頁164～167。

〔註9〕洪麗完在其博士論文中亦指出，除了邱正略所述之疑點外，還可以從以下幾點看出此合約字並非指遷移埔里一事：第一，該約字以「社」爲單位，目的在充裕口糧，並補充屯餉、隘糧的考量下，選擇「地坦土膏」、「社番打牲捕

研究指出更多疑點，說明這份古文書所指的地點應非目前一般所認定的埔里地區。

筆者以爲此文書所指茅埔一帶，或許不在東勢也不在埔里，而是指今天台中縣太平市裡的茅埔一帶。以下筆者試圖指出幾個理由來說明筆者的看法。

第一，文書中提到「界內山後東南勢溪頭茅埔」，由於此區位於溪頭茅埔，顯示其位置較靠近山區。又提到「毋許侵入內山擾動生番，毋許恃強凌弱」，顯示鄰近生番出沒之地。而「毋許引誘漢人在彼開墾，毋許傭雇漢人在地經營」，表示此區尚無或甚少漢人進入開墾。而且此區由於是「社番打牲捕鹿之區」，所以其生態系統尚稱原始，顯然此區極可能位於番界邊緣附近。

第二，文書中所提到之模糊地名「界內山後東南勢溪頭茅埔」究係所指何處？筆者找到雍正十年岸裡社與六館業戶簽訂「公同立給墾字〔註10〕」，內文旨在岸裡社將「東南勢」旱埔地割給六館業戶以換得水份。這裡所指的「東南勢」，大約是指目前台中盆地西側一帶。從此份契約簽訂可以得知所指方位通常以本社做爲方位中心。由於公議字是由岸裡社發起，所以其採取的方位是以岸裡社爲中心，故有可能所指「東南勢」爲台中盆地西半部一帶區域。比較有問題的是「界內山後」這個名詞所指爲何？筆者以爲此山應指大肚山脈。蓋道光年間大肚山已爲界內之地，而位於大肚山下之台中盆地故稱之爲「界內山後東南勢」。再依照台中盆地河川圖來看，由於台中盆地所貫流之溪流大半皆出於台中盆地鄰近山區一帶。所以「界內山後東南勢溪頭」或許可以推論可能在台中盆地鄰近山區之溪流源頭附近。經過如此的推論，假使可以在這地帶找到相關「茅埔」之地名，則或許有可能找到答案。筆者在偶然的機會下，發現太平市的山區裡確有一個地名叫做「茅埔」，且位於頭汴坑溪

鹿之區」，並由「各社抽撥壯番，自備資釜，往彼開墾……」。此有強制壯番開墾的意味，與遷移埔里開墾時自願性的活動性質不同。第二，根據「毋許侵入內山擾動生番，毋許恃強凌弱」等字，可見該約字之開墾地區不在界外生番之地。第三，從該約字上的立名代表包括土目、社主、通事、隘丁首、總隊目、屯弁等，說明墾殖計畫與屯餉、隘糧不足有關。這與後來入埔後所簽訂各種合約字、鬮分簿內容，主要由土目、社主、個人具名等，以追求個人生計的墾殖活動爲目的，兩者性質有所不同。請參閱洪麗完，《從部落認同到「平埔」我群意識——台灣中部平埔族群歷史變遷之考察（1700～1900）》，台北：台大博論，2003年，頁200～202。

〔註10〕《清代臺灣大租調查書》，台銀版台灣文獻叢刊第152種，1963年，頁23～26。

上游附近，頗爲符合文書中所指「界內山後東南勢溪頭茅埔」之地名描述。

第三，從開發的年代來看，頭汴坑溪一帶之開拓最早雖可推溯於乾隆年間〔註11〕。然而此區之開發，由於生番出草頻繁〔註12〕。故一直到同治年間，才有墾首林志芳拓墾於此〔註13〕，顯示漢人進入此區極爲不易。然而對於生、熟番而言，其本身早有密切往來。

第四，地方文史研究者白棟樑亦指出此份公議字與茅埔的關連性。白棟樑認爲：一、太平的茅埔與豐原、台中相距甚近，因此爲社番打牲捕鹿之區不無可能；二、立合約者都是乾隆五十三年隨軍有功的社番。而乾隆五十三年林爽文之亂，清廷爲追捕叛黨，曾發動岸裡社群屯守在大肚溪以北、大安溪以南、大橫屏山系以西以及頭嵙山系以東之各入山口。而茅埔坑與竹仔坑極爲接近，定有社番屯守，社番對茅埔坑的地理必然清楚〔註14〕。

從以上所述來看，岸裡社群領導的遷移必然找尋自己所熟習的地域，而且此區必須未有漢人或少有漢人進入開墾以及不能侵擾到生番的地域。種種跡象顯示，公議字所指茅埔爲太平市的茅埔可能性極高。

附錄六　北投社番相關大事年表（未考證，僅供參考）

紀　元	西　年	大　　事　　紀
順治 02 年	1645	4 月 7 日，Tosacq（Tausabata 代表者 Dachadau、Caula 出席南部地方集會
順治 03 年	1646	貓羅社與 Tausabata 社遭苗栗一帶的加至閣社獵首
順治 03 年	1646	水裏社與北投社遭鄒族 Tivora 社騷擾
康熙中葉		康熙輿圖中還未出現南北投社之記錄
康熙 56 年	1717	廢除社商之制
康熙 60 年	1721	水沙連各社乘朱一貴事件，殺通事以叛
康熙 61 年	1722	制定番界，北投社屬界外番地

〔註11〕乾隆五年修築頭汴坑圳，於今頭汴村設第一個分水匣門。請參閱洪敏麟，《臺灣舊地名沿革》（二），1984 年，頁 123。

〔註12〕一直到光緒末年，太平山區都還是生番出草殺人所必經的路線。請參閱白棟樑，《烏榕頭與它的根——太平市誌》，1998 年，頁 70。

〔註13〕洪敏麟，《臺灣舊地名沿革》（二），1984 年，頁 123。

〔註14〕請參閱白棟樑，《烏榕頭與它的根——太平市誌》，1998 年，頁 127～128。

康熙61年	1722	水沙連事件平
雍正02年	1724	開放漢人贌番地
雍正04年	1726	水沙連社骨宗事件
雍正07年	1729	草屯地區設隘於今隘寮一帶
雍正07年	1729	給大埔洋草鞋墩熟墾水田一所做爲北投社養贍地
雍正09年	1731	大甲西社林武力事件
雍正10年	1732	8月南北投猫羅三社土官通事帶同番仔駕駛牛車赴軍前稟稱愿出力報效
雍正12年	1734	台灣道張嗣昌在南北各地普設社學，此地設南北投社社學
乾隆02年	1737	詔減熟番丁稅
乾隆13年	1748	之後土官普遍改稱土目
乾隆15年	1750	重定番界，草屯鎮中部茭荖山、大哮山以東屬於界外番地，而南投市地區仍屬界外番地
乾隆16年	1751	柳樹湳、內凹庄番殺兵民事件
乾隆16年	1751	池良生於南北投保開築險圳
乾隆17年	1752	立石番界，禁止出入
乾隆17年	1752	建碧山巖於北投庄西山上
乾隆23年	1758	發佈薙髮令、賜漢姓
乾隆24年	1759	設南投縣丞於南北投保南投街外
乾隆25年	1760	重定番界，南投市劃入番界內
乾隆25年	1760	南北投社社學分爲南、北投社社學
乾隆28年之前	1763	官方爲杜絕生番出草、漢人越界開墾，遂於生番出沒隘口撥派熟番守衛，其中南北投社分別負責防守四處隘寮。北投社負責內木柵、圳頭坑隘寮。南投社負責萬丹坑、虎仔坑隘寮
乾隆31年	1766	蛤仔難攸乃武事件
乾隆32年	1767	設立南北兩路理番同知，專司理番事宜
乾隆42年	1777	觀音亭，乾隆42年以前興建，南北投社番亦出資興建
乾隆47年	1782	漳泉分類械鬥，波及內木柵、大哮山、半山、南投一帶
乾隆51年	1786	林爽文之亂
乾隆53年	1788	平埔族土地買賣合法化
乾隆53年	1788	林爽文之亂平，設屯番之制，漢人黃漢被舉爲官設水沙連正通事
乾隆54年	1789	正式實施「屯番之制」

乾隆 54 年	1789	楊振文混佔口糧墾業事件
乾隆 56 年	1791	設北投小屯，屯丁 300 名，其中北投社屯丁 128 名。水沙連化番屬柴裡小屯
嘉慶 9 年	1804	潘賢文合岸裡、阿里史、阿束、東螺、北投、大甲、吞霄、馬賽諸社番千餘人，越內山至噶瑪蘭。
嘉慶 19 年	1814	陳大用、黃林旺、郭百年承墾埔里，漢人勢力有組織的進入水沙連內山
嘉慶 20 年	1815	郭百年事件發生，埔里社番遭滅族式的殘殺，族勢衰微
嘉慶 21 年	1816	官方將漢人勢力逐出
嘉慶 22 年	1817	官方於集集、烏溪二口各立禁碑，不准漢佃再入。
嘉慶末年		張媽喜、簡微等強佔北投社番管轄山場，北自茄荖山，南盡大哮山
道光 3 年	1823	正月西部平埔族群訂立「公議同立合約字」
道光 3 年	1823	萬斗六社革通事田成發首先與埔里社謀議，招外社熟番爲衛，給予荒埔墾種。
道光 3 年	1823	4 月間北投社男 28、女 7 人先來埔里試墾
道光 3 年	1823	9 月北路理番同知鄧傳安踏勘埔里社，越墾熟番聞聲而遁。
道光 3 年	1823	年末北投社男女二百餘人遷來埔里
道光 4 年	1824	訂定「思保全招派開墾永耕字」
道光 4 年	1824	議開埔里一地，未果
道光 6 年	1826	埔里地區開鑿南烘圳（平埔族人開墾）
道光 8 年	1828	訂定「立合約字承管埔地」
道光 21 年	1841	再議開埔里一地未果
道光 26 年	1846	正月，北路理番同知史密入埔勘查，水沙連六社請獻圖內附開墾。
道光 27 年	1847	熟番徐憨棋侵入眉社土地佔墾
道光 27 年	1847	5 月 13 至 20 日劉韻珂親入埔里一帶勘查
道光 27 年	1847	劉韻珂奏堪番地疏及奏開番地書，請開埔里一地未果
道光 30 年	1850	眉社立「出招墾字據」將眉社地交付潘永成前去招佃開墾
道光 30 年	1850	開鑿茄茎腳圳，咸豐元年完工
同治 7 年	1868	東螺、阿束、北投、貓兒干四社杜賣圳道
同治 12 年	1873	移北路理番於大肚城
同治 13 年	1874	沈葆楨開山撫番
光緒 01 年	1875	北路理番同知移往埔里（實際未移），改爲中路撫民理番同知。

光緒 01 年	1875	開鑿珠仔山圳
光緒 2 年	1876	水沙連地區設義學 26 所，埔里社堡 19 所，五城堡 7 所
光緒 3 年	1877	義學淘汰爲 18 館
光緒 3 年	1877	興建大埔城以爲行政中心，光緒 4 年完工
光緒 3 年	1877	發佈撫番善後章程
光緒 3 年	1877	入埔熟番已達 6000 餘人，漢人約 2600 餘人
光緒 4 年	1878	義學再減爲 11 館
光緒 9 年	1883	義學改 13 館半，於守城份、鐵砧山各設一館，史港坑設半館
光緒 10 年	1884	余清源等爲祈番社溝庄族人之平安，建福德正神小廟
光緒 12 年	1886	移大林義學於大埔城內南門
光緒 12 年	1886	劉銘傳廢止官隘、民隘之別，並將隘租悉歸官辦
光緒 14 年	1888	2 月余黃連、余清源等被控強佔南烘圳
光緒 14 年	1888	6 月余阿財等募捐興建參贊堂台牛坑，奉祀關羽
光緒 17 年	1891	移鐵砧山義學於大埔城內西門
光緒 19 年	1893	移大肚城義學於大埔城內東門